Man kann im Leben auf vieles verzichten, aber nicht auf Katzen und Literatur

Katzengeschichten

Herausgegeben von
Julia Bachstein

Schöffling & Co.

Zweite Auflage 2025
© 2024 Schöffling & Co. Verlagsbuchhandlung GmbH,
Kaiserstraße 79, 60329 Frankfurt am Main
Alle Rechte vorbehalten.
Der Verlag behält sich eine Nutzung des Werks für Text- und
Data-Mining im Sinne von § 44b UrhG ausdrücklich vor.
Satz: Fotosatz Amann, Memmingen
Druck & Bindung: Pustet, Regensburg
ISBN 978-3-89561-349-4

www.schoeffling.de
info@schoeffling.de

Inhalt

Elke Heidenreich

Die Katze des Dichters

Wenn er doch nicht so viel rauchen würde. Mir tränen schon die Augen. Und dauernd geht er auf und ab. Kann er nicht stillsitzen? Ich liege auf dem Schreibtisch, direkt an der Heizung. Der Computer brummt leise. Die Schreibmaschine früher war schlimmer, die machte so einen Krach, dass ich es auf dem Schreibtisch nicht ausgehalten habe. Aber dafür gab es eine Menge Papier, warme Papierberge, auf denen man liegen konnte, zerknülltes Papier auf dem Boden, in dem man rascheln konnte. Das ist vorbei. Computer. Manchmal laufe ich über die Tasten und mache schöne Bilder, dann schreit er und jagt mich weg. Er ist so nervös. Er isst ja auch nichts Vernünftiges. Meine Dosen riechen besser als die, die er sich mittags aufmacht. Brrr. Ich fange mir wenigstens ab und zu auf dem Dach einen blöden Vogel. Den muss ich dann draußen verputzen, sonst regt er sich auf. Er schreibt Tiergeschichten. Sie schreiben alle Tiergeschichten. Sie erleben ja sonst nichts. Sie gucken unsereinen an, denken, sie verstehen uns und schreiben darüber. Pah. Er hat keine Ahnung. Er weiß nicht, dass ich ihn für einen mickrigen Burschen halte. Wenn er nachts schläft, gehe ich über die Dächer, schaue in die Fenster und sehe, was anderswo los ist. Bei ihm – nichts. Computer, Dosenfutter, schlafen. Das ist alles. Er hat ja nicht mal eine Freundin. Ich wohne hier, ja, gut. Irgendwo muss man wohnen. Die Dichter und die Katzen, sagt er schwärmerisch. Scheiß drauf. Seine Existenz ist jämmerlich, ich bleibe nur bei ihm, weil es hier keine Kinder gibt. Kinder kann ich noch weniger leiden als Dichter. Und Frauen mag ich auch nicht, Frauen parfümieren sich. Das kann kein Kater aushalten. Aber wenn er weiter so viel raucht, verlasse ich ihn. Ich suche mir eine freundliche Oma, bei der ich gute Häppchen vom Metzger kriege. Dann kann er Zettel an die Bäume nageln: »Kater entlaufen, schwarz, hört auf Moritz, Belohnung, Telefon.« Ich werde ihn vom Fenster der alten Dame aus bei der Suche beobachten und mich nicht mucksen. Er wird rumrennen und nach mir rufen, und ich werde denken: »Schrei doch, du Hungerleider. Ich bin jetzt hier und pfeif auf dich.«

Patricia Highsmith

Mings fetteste Beute

Ming lag gemütlich am Fuß der Koje seiner Herrin,
als der Mann ihn am Nacken ergriff, draußen ab-
setzte und die Kabinentür schloss. Vor Schreck und kurz-
fristigem Zorn weiteten sich Mings blaue Augen, schlossen sich aber angesichts des gleißenden Sonnenlichts
wieder zu Schlitzen. Er war nicht zum ersten Mal unsanft
aus der Kabine hinausbefördert worden, und er wusste,
dass der Mann es dann tat, wenn Mings Herrin Elaine gerade nicht hersah.

Auf dem Segelboot gab es jetzt keinen Schutz vor der
Sonne, doch noch war es Ming nicht zu warm. Gewandt
sprang er auf das Kabinendach und betrat die Taurolle
gleich hinter dem Mast. Diese Taurolle passte Ming gut
als Sofa, weil er von dort oben alles im Blick hatte, vor
starken Winden geschützt war und seine Unterlage in der
Mitte der Jacht obendrein das Schwanken und die plötz-
lichen Kurswechsel der White Lark dämpfte. Doch jetzt
war das Segel eingeholt worden, weil Elaine und der
Mann ihren Lunch gehabt hatten und wie oft nach dem
Lunch eine Siesta hielten, und während dieser Zeit wollte
der Mann ihn nicht in der Kabine haben, das wusste
Ming. Gegen die Lunchzeit hatte Ming nichts. Er selbst
hatte soeben köstlichen gegrillten Fisch und ein bisschen

Hummer gespeist. Jetzt lag Ming entspannt in die Taurolle geschmiegt, riss gähnend das Schnäuzchen auf und
blickte dann aus seinen gegen die grelle Sonne beinahe
ganz geschlossenen Augenschlitzen zu den hellbraunen
Bergen und den weißen und rosafarbenen Häusern und
Hotels, die die Bucht von Acapulco umschlossen. Zwischen der White Lark und dem Strand, wo Badende un-
hörbar planschten, blinkte die Sonne auf der Wasser-
oberfläche wie Tausende winziger elektrischer Lichter,
die an- und ausgingen. Ein Wasserskifahrer flitzte vorbei,
eine weiße Gischtspur hinter sich herziehend. Welcher
Aufwand! Ming döste fast und spürte, wie die Hitze der
Sonne sich in sein Fell grub. Er stammte aus New York
und betrachtete Acapulco als gewaltigen Fortschritt gegenüber der Umgebung in seinen ersten Lebenswochen. Er
erinnerte sich an eine lichtarme Kiste, mit Stroh ausge-
legt, und drei oder vier weitere junge Kätzchen und ein
Fenster, hinter dem riesige Gestalten für einen Augenblick stehen blieben, klopften, um seine Aufmerksamkeit
zu erregen, und weitergingen. An seine Mutter erinnerte
er sich überhaupt nicht. Eines Tages kam eine junge Frau,
die nach etwas Angenehmem roch, herein und nahm ihn
mit – weg von dem scheußlichen, erschreckenden Geruch
nach Hunden, Medikamenten und Papageienkot. Dann
fuhren sie mit etwas, das, wie Ming inzwischen wusste, ein
Flugzeug war. Inzwischen war er an Flugzeuge gewöhnt
und konnte sie gut leiden. Im Flugzeug saß und schlief er
auf Elaines Schoß, und wenn er Hunger hatte, gab es
immer etwas zu naschen.

Elaine verbrachte jeden Tag viel Zeit in einem Laden in
Acapulco, wo an allen Wänden Kleider und Hosen und

Badeanzüge hingen. Dort roch es sauber und frisch, vor dem Laden waren Blumen in Töpfen und Blumenkästen, und der Boden bestand aus kühlen blauen und weißen Fliesen. Ming konnte nach Belieben in den Hof hinter dem Laden spazieren oder in seinem Körbchen in einer Ecke schlafen. Vor dem Laden war mehr Sonne, aber freche Jungen hatten es oft auf Ming abgesehen, wenn er vor dem Laden saß, und deshalb konnte er sich dort nicht ausruhen.

Am liebsten lag Ming zusammen mit seiner Herrin auf einem der Liegestühle auf ihrer Terrasse zu Hause. Weniger lieb waren ihm die Menschen, die sie manchmal einlud, die über Nacht blieben, zu Dutzenden bis tief in die Nacht aufblieben und aßen und tranken und Grammophon oder Klavier spielten – die ihn von Elaine trennten. Menschen, die ihm auf die Pfoten traten, die ihn manchmal von hinten hochhoben, bevor er sich wehren konnte, sodass er sich sträuben und winden musste, um sich zu befreien, die ihn ungeschickt streichelten, die irgendwelche Türen schlossen und ihn dabei einsperrten. Menschen! Ming verabscheute Menschen. Auf der ganzen Welt konnte er nur Elaine leiden. Elaine liebte ihn und verstand ihn.

Vor allem diesen Mann namens Teddie verabscheute Ming in letzter Zeit. Teddie war seit neuestem dauernd anwesend. Ming gefiel es nicht, wie Teddie ihn beäugte, wenn Elaine nicht zusah. Und manchmal murmelte Teddie, wenn Elaine nicht zuhörte, Worte, die, wie Ming wusste, eine Drohung waren. Oder ein Befehl, den Raum zu verlassen. Ming nahm das gelassen. Es galt die Würde zu wahren. Und war seine Herrin etwa nicht auf seiner

Seite? Der Eindringling war der Mann. Wenn Elaine zusah, tat der Mann manchmal, als möge er Ming, doch Ming ging ihm stets graziös, aber unmissverständlich aus dem Weg.

Mings Nickerchen wurde vom Geräusch der sich öffnenden Kabinentür unterbrochen. Er hörte Elaine und den Mann lachen und sprechen. Die große orangerote Sonne näherte sich dem Horizont.

»Ming!« Elaine trat zu ihm. »Herzchen, was machst du in dieser Hitze? Ich dachte, du wärst drinnen!«

»Das dachte ich auch!«, sagte Teddie.

Ming schnurrte, wie immer beim Aufwachen. Elaine hob ihn sanft hoch, schmiegte ihn in ihre Arme und trug ihn hinunter in den mit einem Mal kühlen Schatten der Kabine. Sie sprach zu dem Mann, in nicht gerade freundlichem Ton. Sie setzte Ming vor seiner Wasserschüssel ab; obwohl er nicht durstig war, trank er ihr zuliebe ein bisschen. Von der Hitze war ihm schwindelig, und er taumelte leicht.

Elaine nahm ein nasses Handtuch und wischte Ming das Gesicht, die Ohren und die Pfoten ab. Dann legte sie ihn behutsam auf die Koje, die nach ihrem Parfum roch, aber auch nach dem Mann, den Ming verabscheute.

Jetzt stritten seine Herrin und der Mann, das hörte Ming an ihrem Tonfall. Elaine blieb bei Ming auf der Kante der Koje sitzen. Und endlich hörte Ming das Platschen, das bedeutete, dass Teddie ins Wasser gesprungen war. Ming hoffte, dass er dort blieb, hoffte, dass er ertrank, hoffte, dass er wegblieb. Elaine machte in dem Aluminiumspülbecken ein Handtuch nass, wrang es aus, breitete es auf die Koje und setzte Ming darauf. Sie holte

Wasser, und Ming, der jetzt durstig war, trank. Während er einschlief, spülte sie das Geschirr und räumte es weg. Es waren gemütliche Geräusche, die Ming gern hörte.

Doch schon bald ertönte ein neues Platschen und das Tappen von Teddies nassen Füßen auf Deck, und Ming wurde wieder wach.

Das Streiten hob wieder an. Elaine ging die paar Stufen zum Deck hinauf. Angespannt, das Kinn jedoch weiterhin auf dem feuchten Handtuch, behielt Ming die Kabinentür im Blick. Er hörte Teddies Schritte herunterkommen. Ming hob leicht den Kopf; er wusste, dass es keinen zweiten Ausgang gab, dass er in der Kabine gefangen war. Der Mann blieb stehen, ein Handtuch in Händen, und starrte Ming an.

Ming entspannte sich, als wollte er gähnen, und dabei schielte er ein wenig, und dann glitt ihm die Zunge ein Stück aus dem Mund. Der Mann wollte etwas sagen, sah aus, als wollte er das zusammengerollte Handtuch nach Ming werfen, doch dann zögerte er, behielt für sich, was er hatte sagen wollen, warf das Handtuch in das Spülbecken und beugte sich darüber, um sich das Gesicht zu waschen. Ming hatte Teddie nicht zum ersten Mal die Zunge herausgestreckt. Die meisten lachten, wenn er das tat, bei Partys beispielsweise, und Ming fand das recht amüsant. Aber er spürte, dass Teddie es als Akt der Aggression auffasste, und deshalb streckte er Teddie absichtlich die Zunge heraus, während es ihm bei anderen Leuten eher versehentlich passierte.

Der Streit nahm kein Ende. Elaine machte Kaffee. Ming fühlte sich allmählich besser und ging wieder auf Deck hinaus, denn die Sonne war inzwischen untergegangen. Elaine hatte den Motor angeworfen; sie glitten langsam dem Strand entgegen. Ming fing Vogelgesang auf, sonderbare Rufe wie schrille Sätze, geäußert von Vögeln, die erst bei Sonnenuntergang die Stimme erhoben. Ming freute sich auf das Adobeziegelhaus auf den Klippen, das sein und seiner Herrin Zuhause war. Er wusste, dass sie ihn nicht zu Hause ließ (wo es für ihn bequemer gewesen wäre), wenn sie mit dem Boot hinausfuhr, weil sie befürchtete, man könnte ihn einfangen oder sogar umbringen. Ming verstand das. Man hatte ihn fast vor Elaines Augen zu stehlen versucht. Einmal war er in einem Wäschesack weggeschafft worden, und obwohl er sich aus Leibeskräften gewehrt hatte, bezweifelte er, dass er sich hätte befreien können, wenn Elaine nicht dem Jungen eine heruntergehauen und ihm den Sack entrissen hätte.

Ming hatte vorgehabt, wieder auf das Kabinendach zu springen, doch nach einem Blick hinauf beschloss er, seine Kräfte zu schonen, und kauerte sich mit eingezogenen Pfoten auf das warme, leise schaukelnde Deck und schaute dem näher kommenden Strand entgegen. Jetzt konnte er Gitarrenmusik vom Strand herwehen hören. Die Stimmen seiner Herrin und des Mannes verstummten. Einen Augenblick lang war das lauteste Geräusch das Tschak-tschak-tschak des Schiffsmotors. Dann hörte Ming die nackten Füße des Mannes die Stufen vor der Kabine heraufkommen. Ming drehte nicht den Kopf zu ihm um, doch seine Ohren zuckten unwillkürlich zurück. Er schaute auf das Wasser, das vor und unter ihm in Entfernung eines kurzen Sprungs lag. Merkwürdigerweise war von dem Mann hinter ihm kein Laut zu vernehmen.

Die Haare in Mings Nacken sträubten sich, und Ming warf einen Blick über die rechte Schulter.

Im gleichen Augenblick beugte der Mann sich vor und stürzte sich mit ausgebreiteten Armen auf Ming.

Ming war sofort auf den Beinen und sprang auf den Mann zu, in die einzige sichere Richtung auf dem Deck ohne Geländer, aber der Mann holte mit dem linken Arm aus und traf Ming vor die Brust. Ming wurde zurückgeschleudert, seine Krallen scharrten über Deck, und mit den Hinterbeinen rutschte er über Bord. Mit den Vorderpfoten klammerte er sich an das glatte Holz, das ihm wenig Halt bot, während seine Hinterpfoten sich abmühten, ihn auf Deck zurückzubugsieren, sich auf der Seite des Bootes abmühten, die in einem für Ming ungünstigen Winkel geneigt war.

Der Mann trat vor, um Mings Pfoten mit dem Fuß wegzustoßen, doch in diesem Augenblick kam Elaine die Treppe herauf.

»Was ist los? Ming!«

Nach und nach manövrierten Mings kräftige Hinterbeine ihn zurück auf Deck. Der Mann war niedergekniet, als wollte er helfen. Elaine hatte sich ebenfalls auf die Knie geworfen und hielt Ming jetzt am Nacken gepackt. Ming entspannte sich, auf Deck gekauert. Sein Schwanz war nass.

»Er ist über Bord gefallen!«, sagte Teddie. »Ungelogen, das macht der Sonnenstich. Er hat das Gleichgewicht verloren und ist runtergefallen, als das Boot einen Hopser gemacht hat.«

»Das kommt von der Sonne. Armer Ming!« Elaine hielt die Katze an die Brust gedrückt und trug sie behutsam in die Kabine. »Teddie, kannst du bitte das Steuer übernehmen?«

Der Mann kam in die Kabine herunter. Elaine hatte Ming auf die Koje gesetzt und sprach leise zu ihm. Mings Herz klopfte noch heftig. Er war auf der Hut vor dem Mann am Steuer, obwohl Elaine bei ihm war. Ming war sich dessen gewahr, dass sie in die kleine Bucht eingefahren waren, die sie immer ansteuerten, bevor sie von Bord gingen.

Hier befanden sich Teddies Freunde und Verbündete, die Ming aus diesem Grund verabscheute, obwohl es lediglich mexikanische Jungen waren. Zwei, drei Jungen in Shorts riefen »Señor Teddie!« und streckten die Hand aus, um Elaine zum Dock hochzuhelfen, ergriffen das Tau vorn am Boot und boten an, »Ming! Ming!« zu tragen. Ming sprang aus eigener Kraft auf das Dock und wartete geduckt auf Elaine, bereit, wegzuspringen, sobald eine andere als ihre Hand ihn berühren sollte – und es waren viele braune Hände da, die nach ihm griffen, sodass Ming nicht zur Ruhe kam. Gelächter, Ausrufe, das Getrappel nackter Füße auf Holzplanken. Doch gleichzeitig Elaines beruhigende Stimme, die sie wegscheuchte. Ming wusste, dass Elaine damit beschäftigt war, die Plastiktaschen einzusammeln und die Kabinentür abzuschließen. Mit Hilfe eines der mexikanischen Jungen spannte Teddie jetzt die Segeltuchplane über die Kabine. Elaines sandalenbekleidete Füße tauchten neben Ming auf. Ming folgte ihr. Ein Junge nahm Elaine die Sachen ab, die sie trug, und sie hob Ming auf.

Sie stiegen in den großen Wagen ohne Dach, der Teddie gehörte, und fuhren die gewundene Straße zu Elaines und Mings Haus hinauf. Einer der Jungen saß am Steuer. Der Ton, in dem Elaine und Teddie sich unterhielten, war jetzt ruhiger und friedlicher. Der Mann lachte. Ming saß angespannt auf dem Schoß seiner Herrin. Daran, wie sie ihn streichelte und seinen Nacken kraulte, konnte er spüren, dass sie um ihn besorgt war. Der Mann streckte die Hand aus, um Mings Rücken zu berühren, und Ming ließ ein leises, unruhiges Knurren hören, zuerst tief, dann hoch, dann wieder tief.

»Na, na«, sagte der Mann mit gespielter Heiterkeit und zog die Hand zurück.

Elaines Stimme verstummte mitten im Satz. Ming war müde und wünschte sich nichts sehnlicher, als auf dem großen Bett zu Hause ein Nickerchen zu halten. Auf dem Bett lag eine dünne Wolldecke mit roten und weißen Streifen.

Kaum hatte Ming den Gedanken zu Ende gedacht, befand er sich schon in der kühlen, wohlriechenden Atmosphäre seines Zuhauses und wurde behutsam auf das Bett mit der weichen wollenen Decke gesetzt. Seine Herrin küsste ihn auf die Wange und sagte etwas, worin das Wort »hungrig« vorkam. Ming hatte verstanden. Er sollte ihr Bescheid sagen, wenn er hungrig war.

Ming döste und erwachte erst, als er in einigen Metern Entfernung auf der Terrasse hinter den offenen Glastüren Stimmen hörte. Inzwischen war es dunkel. Ming konnte ein Ende des Tischs sehen, und an der Art des Lichts erkannte er, dass Kerzen auf dem Tisch standen. Concha, das Hausmädchen, das im Haus wohnte, räumte den Tisch ab. Ming hörte ihre Stimme und dann die Stimmen Elaines und des Mannes. Er roch Zigarrenrauch. Er sprang auf den Boden und blieb einen Augenblick sitzen, den Blick durch die Tür zur Terrasse gerichtet. Er gähnte, machte einen Buckel, streckte sich und lockerte seine Muskeln, indem er die Krallen in den dicken Sisalteppich grub. Dann schlüpfte er zur Rechten auf die Terrasse und glitt lautlos die breiten Steinstufen in den Garten hinunter. Der Garten war wie ein Dschungel oder ein Wald. Avocado- und Mangobäume reichten bis zur Terrasse empor, an der Mauer wuchsen Bougainvilleen, in den Bäumen Orchideen, und es gab Magnolien und einige Kamelienbüsche, die Elaine gepflanzt hatte. Ming hörte Vögel zwitschern und sich in ihren Nestern regen. Manchmal erkletterte er Bäume, um an die Nester zu gelangen, doch danach stand ihm heute Abend nicht der Sinn, obwohl er nicht mehr müde war. Die Stimmen seiner Herrin und des Mannes verstörten ihn. Heute Abend war seine Herrin auf den Mann nicht gut zu sprechen, so viel war ihm klar.

Concha war wahrscheinlich noch in der Küche; Ming beschloss, sie aufzusuchen und um etwas zu essen zu bitten. Concha konnte ihn gut leiden. Ein Hausmädchen, das ihn nicht leiden konnte, war von Elaine entlassen worden. Ming dachte sich, dass gegrilltes Schweinefleisch mit Barbecuesauce nicht übel wäre. Das hatten seine Herrin und der Mann vorhin gegessen. Eine frische Brise blies vom offenen Meer herein und zauste sacht Mings Fell. Ming hatte sich vollständig von dem schrecklichen Erlebnis erholt, bei dem er beinahe ins Meer gestürzt wäre.

Jetzt war die Terrasse menschenleer. Ming ging nach links, in das Schlafzimmer zurück, und spürte sofort die

Gegenwart des Mannes, obwohl es dunkel war und Ming ihn nicht sehen konnte. Der Mann stand neben dem Toilettentisch und öffnete eine Schatulle. Wieder ließ Ming unwillkürlich ein leises Knurren hören, das stieg und fiel, und verharrte in der Körperhaltung, in der er auf den Mann aufmerksam geworden war, die rechte Vorderpfote für den nächsten Schritt ausgestreckt. Jetzt hatte er die Ohren zurückgelegt, bereit, in jede Richtung loszuspringen, obwohl der Mann ihn noch nicht gesehen hatte.

»Psst! Blödes Vieh!«, flüsterte der Mann und stampfte leise auf, um die Katze zu verscheuchen.

Ming regte sich nicht. Er hörte das leise Klirren der weißen Halskette, die seiner Herrin gehörte. Der Mann steckte sie in die Tasche und bewegte sich dann nach rechts, zu der Tür hinaus, die in das große Wohnzimmer führte. Jetzt hörte Ming das Klirren von Flasche und Glas, hörte, wie eine Flüssigkeit eingeschenkt wurde. Ming ging durch dieselbe Tür und wandte sich dann nach links der Küche zu.

Dort miaute er und wurde von Elaine und Concha begrüßt. Concha hatte in ihrem Radio Musik laufen.

»Fisch? – Schwein. Er mag Schwein«, sagte Elaine mit den eigenartigen Worten, die sie Concha gegenüber verwendete.

Ohne große Schwierigkeiten gelang es Ming, seine Vorliebe für Schweinefleisch auszudrücken, und er bekam das Gewünschte, über das er sich mit Heißhunger hermachte. Concha rief: »Ahiii!«, während seine Herrin ihr ausgiebig etwas berichtete. Dann bückte Concha sich, um ihn zu streicheln, und Ming ließ es sich gefallen, den Blick auf seine Schüssel gerichtet, bis Concha ihn in Ruhe ließ und er seine Mahlzeit beenden konnte. Dann verließ Elaine die Küche. Concha gab ihm ein wenig von der Kondensmilch, die er liebte, in seine geleerte Schüssel, und Ming leckte sie auf. Dann rieb er sich zum Dank an Conchas nacktem Bein und verließ die Küche, betrat vorsichtig das Wohnzimmer auf dem Weg zum Schlafzimmer. Doch Elaine und der Mann waren jetzt draußen auf der Terrasse. Ming hatte das Schlafzimmer gerade betreten, als er Elaine rufen hörte: »Ming! Wo bist du?«

Ming ging zur Terrassentür, blieb stehen und setzte sich auf die Türschwelle.

Elaine saß seitlich am Ende des Tischs; das Kerzenlicht fiel hell auf ihr langes blondes Haar und ihre weiße Hose. Sie klopfte sich auf den Schenkel, und Ming sprang ihr auf den Schoß.

Der Mann sagte leise etwas, was nicht nett klang.

Elaine erwiderte etwas im gleichen Ton. Aber sie lachte dabei.

Dann klingelte das Telefon.

Elaine setzte Ming ab und ging ins Wohnzimmer.

Der Mann trank sein Glas aus, murmelte etwas, an Ming gerichtet, und stellte sein Glas auf dem Tisch ab. Er stand auf und versuchte, um Ming herumzugehen oder an den Rand der Terrasse zu treten, wie Ming auffiel – und Ming fiel außerdem auf, dass der Mann betrunken war und sich deshalb langsam und ein wenig linkisch bewegte. Der Terrasse entlang verlief ein etwa hüfthohes Geländer, an drei Stellen von Gitterwerk unterbrochen, dessen Stäbe genug Zwischenraum boten, dass Ming hindurchschlüpfen konnte, obwohl er das nie tat, sondern lediglich ab und zu hindurchblickte. Ming zweifelte nicht daran, dass der Mann ihn durch eines der Gitter jagen oder ihn packen und über die Terrassenbrüstung werfen wollte. Nichts leichter für Ming, als ihm zu entwischen. Dann ergriff der Mann einen Stuhl und warf ihn und traf Ming an der Hüfte. Ein kurzer, heftiger Schmerz. Ming nahm den nächsten Fluchtweg über die Treppenstufen, die in den Garten führten.

Der Mann kam hinter ihm die Treppe herunter. Ohne zu überlegen, flitzte Ming die Stufen wieder hinauf und hielt sich eng an die Wand, die im Schatten lag. Der Mann hatte ihn nicht gesehen. Ming sprang auf die Terrassenbrüstung, setzte sich und leckte sich kurz die Pfote, um sich zu beruhigen und zu sammeln. Sein Herz klopfte so heftig wie bei einem Kampf. Und Hass pulste durch seine Adern. Hass brannte in seinen Augen, als er auf die Schritte des Mannes lauerte, die unsicher die Treppe weiter unten hinaufstiegen. Dann kam der Mann in sein Blickfeld.

Ming duckte sich und schnellte dann mit aller Kraft vor, landete mit allen vier Pfoten auf dem rechten Ärmel des Mannes in Schulternähe. Ming hielt sich an dem Stoff der weißen Jacke des Mannes fest, doch beide stürzten. Der Mann stöhnte. Ming ließ sich nicht abschütteln. Zweige splitterten. Ming wusste nicht, wo unten und oben war. Er sprang von dem Mann fort, merkte zu spät, in welcher Richtung sich der Boden befand, und landete auf der Seite. Fast gleichzeitig hörte er den dumpfen Aufprall, mit dem der Mann zu Boden ging, dann das Geräusch, mit dem sein Körper weiterrollte, und dann trat Stille ein. Ming musste mit offenem Schnäuzchen hecheln, bis seine Brust nicht mehr schmerzte. Aus der

Richtung des Mannes erschnupperte er Alkohol, Zigarrenrauch und den scharfen Geruch, der Angst bedeutet. Aber der Mann bewegte sich nicht.

Ming konnte inzwischen ganz gut sehen. Spärliches Mondlicht schimmerte. Ming machte sich zu den Treppenstufen auf, musste lange durch das Gebüsch gehen, über Steine und Sand, bis er die Treppe erreichte. Dann glitt er die Stufen empor und gelangte wieder auf die Terrasse. Elaine trat gerade aus dem Zimmer auf die Terrasse.

»Teddie?«, rief sie. Sie ging ins Schlafzimmer zurück und schaltete eine Lampe ein, ging weiter in die Küche. Ming folgte ihr. Concha hatte das Licht angelassen, aber sie war jetzt in ihrem eigenen Zimmer, wo das Radio lief.

Elaine öffnete die Haustür.

Der Wagen des Mannes stand noch in der Einfahrt, wie Ming sah. Mings Hüfte begann zu schmerzen, oder er bemerkte die Schmerzen erst jetzt. Er hinkte leicht. Elaine sah es, berührte seinen Rücken und fragte ihn, was los sei. Ming schnurrte nur.

»Teddie? – Wo steckst du?«, rief Elaine.

Sie nahm eine Taschenlampe und leuchtete in den Garten hinunter, zwischen die großen Stämme der Avocadobäume, zwischen die Orchideen und den Lavendel und die rosa Blüten der Bougainvilleen. Ming, in Sicherheit neben ihr, folgte dem Lichtstrahl mit den Augen und schnurrte voll Behagen. Der Mann war nicht hier unten, sondern weiter rechts. Elaine ging zur Treppe; vorsichtig – denn an dieser Stelle gab es kein Geländer, sondern nur die breiten Stufen – richtete sie den Lichtstrahl nach unten. Ming schaute nicht einmal hin. Er saß am Rand der Terrasse, wo die Stufen begannen.

»Teddie!«, sagte Elaine. »Teddie!« Dann lief sie die Treppe hinunter.

Ming folgte ihr noch immer nicht. Er hörte, wie sie die Luft einsog. Dann schrie sie: »Concha!«

Elaine rannte die Treppe hinauf.

Concha war aus ihrem Zimmer gekommen. Elaine redete auf sie ein. Dann wurde Concha ganz aufgeregt. Elaine ging zum Telefon und sprach dort einen Augenblick, und dann ging sie zusammen mit Concha die Treppe hinunter. Ming machte es sich mit eingezogenen Pfoten auf der Terrasse bequem, die noch Reste der Sonnenwärme abstrahlte. Ein Wagen fuhr vor. Ming hielt sich auf der Terrasse im Hintergrund, in einem schattigen Winkel, während drei, vier fremde Männer die Terrasse betraten und die Treppe hinunterstapften. Unten wurde laut geredet, Füße trampelten, Zweige brachen, und dann stieg der Geruch von ihnen allen nach oben, der Geruch von Tabak und Schweiß und der vertraute Blutgeruch. Das Blut des Mannes. Ming war erfreut, wie er es war, wenn er einen Vogel tötete und mit den eigenen Zähnen diesen Blutgeruch erzeugte. Das hier war fette Beute. Unbemerkt von den anderen, richtete Ming sich zu voller Größe auf, als die Gruppe mit der Leiche vorbeikam, und atmete mit erhobener Nase den betäubenden Duft seines Sieges ein.

Und auf einmal war das Haus leer. Alle waren fort, sogar Concha. Ming trank ein wenig Wasser aus seiner Schüssel in der Küche, ging dann zum Bett seiner Herrin, schmiegte sich gegen die aufeinandergetürmten Kissen und schlief schnell ein. Ihn weckte das Rr-rr-r eines unvertrauten Wagens. Dann wurde die Haustür geöffnet,

und er erkannte Elaines und dahinter Conchas Schritte.
Ming blieb, wo er war. Elaine und Concha unterhielten
sich leise ein paar Minuten lang. Dann kam Elaine in das
Schlafzimmer. Die Lampe war noch eingeschaltet. Ming
sah zu, wie Elaine langsam die Schatulle auf ihrem Toilettentisch öffnete und mit leisem Klirren die weiße Halskette hineingleiten ließ. Dann schloss sie die Schatulle.
Sie begann ihre Bluse aufzuknöpfen, doch bevor sie damit fertig war, warf sie sich auf das Bett und streichelte
Ming den Kopf, nahm seine linke Vorderpfote in die Hand
und drückte sie sacht, sodass die Krallen sichtbar wurden.

»O Ming – Ming«, sagte sie.

Ming hörte den Klang der Liebe.

John Coleman Adams

Der Kater als Seekadett

Das ist die wahre Geschichte von einem Kater, der – nach allem, was ich weiß – immer noch lebt und seinen Lebensunterhalt mit der Seefahrt bestreitet. Ich hoffe, man sieht mir nach, wenn ich über diesen Kater wie über einen Menschen rede. Mir ist zwar klar, dass das nicht üblich ist, doch der Kater, von dem ich erzählen möchte, war für uns, die wir ihn kannten, einem menschlichen Wesen stets so ähnlich, dass ich ungern anders von ihm rede. Es gibt Tiere, die sind menschlicher als Menschen.

Unseren Kater also lernten wir folgendermaßen kennen: Irgendwann, lange her, in den Siebzigern, kreuzten wir in einer Gruppe von Freunden mit der kleinen Segeljacht Eyvor östlich von Boston. Als wir für einen Tag und eine Nacht in Marblehead eingelaufen waren, fuhren ein paar von der Crew im Beiboot an Land. Als sie am Kai anlegten, sahen sie, wie eine Horde kleiner Jungs mit Stöcken in einem Holzstapel herumstocherte. Offenbar jagten sie etwas.

»Was habt ihr denn da drin?«, fragte einer der Segler.

»Nur 'n Kater«, sagten die Jungen.

»Und was wollt ihr mit dem?«

»Ihm Beine machen. Wenn er rauskommt, lassen wir

ihn fliegen«, lautete die Antwort in breitem Marblehea-der Dialekt.

»Hört auf damit. Was habt ihr davon, wenn ihr einen armen Kater quält? Warum nehmt ihr nicht jemanden, der so groß ist wie ihr?«

Ein wenig beschämt und ein wenig bange vor dem gro-ßen Seemann, der sie zurechtwies, trollten sich die Jungs, und als sie nicht mehr zu sehen waren, gingen auch die Seeleute weiter und dachten nicht mehr an den Kater, dem sie beigestanden hatten. Eine Weile lang wanderten sie durch die verwinkelten Gassen der Stadt und gingen dort vorbei, wo alle braven Matrosen vorbeigehen: im Lebensmittelgeschäft und bei der Post sowie beim Apo-theker, Sodawasser holen. Aber als sie zum Kai zurück-kehrten, wer saß da im Heck des Beiboots? Der kleine grau-weiße Kater aus dem Holzstapel! Er war aus sei-nem Zufluchtsort gekrochen und schnurstracks aufs Boot seiner Wohltäter geflitzt. Er schien in keinster Weise verstört oder auch nur geneigt, sich vom Fleck zu rühren. Als sie an Bord sprangen und ihn streichelten und tät-schelten, war er nur hoch erfreut. Als aber einer sich an-schickte, ihn wieder an Land abzusetzen, zeigte der tap-fere kleine Kerl seine Krallen, und kaum hatte man ihn auf die Kaimauer gesetzt, drehte er sich um und sprang zurück ins Boot.

»Er will zur See fahren«, sagte einer aus der Gruppe, den wir den Bostoner nannten

»Nehmt den Kater man ruhig mit«, meinte ein grau-haariger alter Fischer, der am Kai stand. »Der gehört nie-mandem, und wenn er hierbleibt, quälen ihn die Burschen zu Tode.«

»Ja, nehmen wir ihn mit«, sagten die Männer. »Eine Katze an Bord bringt Glück.«

Ob es dem Schiff Glück brachte oder nicht, sei dahingestellt, doch der Miezekater wusste genau, dass er Glück hatte, und mit einem Blick, der zeigte, dass er nicht mit sich spaßen ließ, rollte er sich auf dem Schiffsboden zusammen. Offenbar hatte er sich das Ganze gründlich überlegt und war zu dem Schluss gekommen, dass er mit diesen Menschen leben wollte, und da er aus Marblehead kam, scherte es ihn nicht, ob das zu Wasser oder zu Lande geschah. Er ging dorthin, wo sie hingingen, es mochte ihnen passen oder nicht. Von seinem Platz in dem Holzstapel aus hatte er das Gespräch mit angehört und beschlossen, mit seinen Beschützern zur See zu fahren und ihnen so seine Dankbarkeit zu zeigen. Damit, dass er sein Schicksal mit ihrem verband, erwies er ihnen die größte Ehre, die eine Katze jemandem erweisen kann. Es wäre der Gipfel der Unhöflichkeit gewesen, diese edle Geste der Dankbarkeit nicht zu akzeptieren. Man ließ ihn im Boot und nahm ihn mit auf die Jacht.

Bei seiner Ankunft dort wurde Rat gehalten und einstimmig abgemacht, den Kater als Mitglied der Besatzung aufzunehmen, und da unsere Besatzung aus Hobbyseglern bestand, wir auf unserem eigenen Schiff segelten und jeder Mann seine Pflichten hatte, ernannten wir den Kater zum Seekadetten und tauften ihn nach seiner Position »Kaddi«. Alle interessierten sich sehr für ihn, und er interessierte sich auch gleichermaßen für alle – nur bei zwei Männern an Bord machte er sich besonders beliebt. Der eine war der stille, liebenswürdige Professor, der Kapitän der Eyvor, der andere Charlie, unser Koch, der einzige

Mann, den wir angeheuert hatten. Mit dem Instinkt des wahren Seemanns wusste unser neuer Kadett also gleich, mit welchen Amtspersonen er sich gut stellen musste.

Es war verblüffend, wie schnell sich Kaddi einlebte. Er verhielt sich, als sei er schon immer zur See gefahren. Wie rau sie auch ging und wie sehr andere aus unserer Gruppe litten, er war nie seekrank. Er wanderte auf dem Schiff herum, wo und wie es ihm beliebte. Zu den Mahlzeiten kam er mit uns allen zu Tisch, setzte sich auf einen Tornister, schleckte seine Milch und aß die Happen, die wir ihm gaben, als habe er sein ganzes Leben so gegessen. Wenn die Segel gehisst wurden, machte er sich ein besonderes Vergnügen daraus, aufs Gaffelsegel zu springen und sich mit hochhieven zu lassen, und blieb sogar einmal auf seinem luftigen Sitz, bis das Segel an der Mastspitze war. Da musste einer von uns hochklettern und ihn herunterholen. Wenn wir vor Anker gingen und für die Nacht alles klarmachten, kam er an Deck und flitzte am Hauptmast hoch, raste von dort, so schnell ihn seine Pfoten trugen, zum Bugspriet, kletterte dann wie ein Äffchen halb die Masten hinauf und ließ sich zum Schluss aufs Deck zurückfallen oder raste hinunter in die Kajüte und randalierte in den Kojen.

Als wir eines Tages unter einem angenehmen Südwestwind dahindümpelten und nach dem Mittagessen faul herumlagen und vor uns hindösten, hörten wir, wie der Bostoner schrie: »Lass das, du alter Satansbraten!« Und einen Moment später: »Hör auf, habe ich gesagt! Oder ich komme rauf und mach dich fertig!«

Wir schlugen unsere trägen Lider auf, um zu sehen, was los war, und da saß der Bostoner dicht am Niedergang unten in der Kajüte, die Bommel seiner Strickmütze fast am Lukensüll, und davor, draußen an Deck, saß unser Kadett und schlug die Krallen in das verführerische Gestrick, manchmal so tief, dass er dem Bostoner den Skalp zerkratzte.

Er hatte sich auch angewöhnt, wenn die Nacht anbrach und wir alle gemütlich in der Koje lagen, stur durch alle Kojen die Runde zu machen und zu kontrollieren, ob wir auch gut eingemummelt waren, und am Ende seiner Inspektion ins Bett des Kapitäns zu springen, wo er sich in den Decken ein bequemes Lager zurechttrat und dann zum Schlafen zusammenrollte. Auf die Idee, die Kapitänskoje als den einzigen angemessenen Ort auszuwählen, an dem er sich aufs Ohr haute, konnte natürlich nur er kommen.

Doch sein interessantester Charakterzug trat zutage, als er etwa eine Woche an Bord war. Da hatte er eine Überraschung für uns parat. Wir lagen im Hafen von Camden. Alle wollten an Land gehen, um einen Spaziergang in den Bergen zu machen; auch Charlie, der Koch, kam mit. Er sollte das Beiboot hin- und zurückrudern.

Prompt merkte Kaddi, dass was nicht stimmte: Er wurde wahrhaftig zurückgelassen. Als fix handelnder, entschlossener Kater wusste er aber rasch, was zu tun sei. Er flitzte zur unteren Reling, setzte die Vorderpfoten darauf und schaute uns unverwandt und bänglich an. Und als das Boot abgestoßen wurde, erhob er die Stimme zu einem kläglichen Maunzen. Wir aber winkten ihm zum Abschied, neckten ihn in aller Freundschaft und sagten ihm, er solle den Anker im Auge behalten und das Essen fertig haben, wenn wir zurückkämen.

Das war zu viel. Blitzschnell sprang er über Bord und schwamm wie ein Irischer Wasserspaniel hinter dem Beiboot her!

Was Komischeres hatten wir unser Lebtag noch nicht gesehen! Elefanten, die auf einer Wippe schaukeln, Pferde, die eine Kanone abfeuern, gelehrte Schweine und dressierte Hunde kannten wir ja, aber dass ein Kater aus freien Stücken wie ein ausgewachsener Neufundländer durchs Wasser paddelte, überstieg doch alles, was wir je gehört hatten. Natürlich hielten wir das Boot an und nahmen den klatschnassen, zitternden Kadetten an Bord, der hoch erfreut war, wieder bei der Crew zu sein. Man hatte ihn ignoriert und beleidigt, doch er hatte auf seinen Rechten beharrt, und sobald sie anerkannt wurden, war auch er wieder rundum zufrieden.

Von jetzt an waren wir natürlich auf alles Mögliche gefasst, was unser Kadett tun würde. Und immer wieder überraschte er uns mit mutigen, eigenwilligen Taten. Seine grandioseste Vorstellung gab er vielleicht, als er ein paar Tage nach seinem Bad im Hafen von Camden einen Besuch machte.

Wir lagen in einer Flaute vor der Einfahrt zum Southwest Harbor. Nicht weit von uns, vielleicht eine Ankertaulänge entfernt, lag eine andere schmale Jacht, ein Dreimaster mit Heimathafen Lynn. Als wir mit der Strömung dahintrieben, merkten wir, dass Kaddi sehr unruhig wurde und bald darauf immer an der Reling entlangrannte und eifrig zu der anderen Jacht hinüberschaute. Was sah – oder roch – er dort, das ihn interessierte? Essen konnte es nicht sein, denn sie kochten nicht. Erkannte er einen von seinen alten Kumpeln aus Marblehead? Vielleicht waren ein paar seiner Katzenfreunde auf dem anderen Schiff. Ja, genau! Da an Deck waren sie, sie spielten und tollten miteinander herum – zwei junge Kätzchen! Kaddi hatte sie erspäht und wollte sie unbedingt näher in Augenschein nehmen. Er lief auf Deck hin und her, miaute und schnupperte in der Luft oder stellte sich in seiner Lieblingshaltung hin, wenn er auf Beobachtungsposten war: mit den Vorderpfoten auf der Reling. Und bevor wir dann noch begriffen, was er tat, sprang er wieder über Bord und schwamm, so schnell er konnte, zu dem anderen Schiff! Die Crew war auf ihn aufmerksam geworden, und kaum war er längsseits, bereiteten sie ihm einen gebührenden Empfang. Ein Fender wurde heruntergelassen, und als Kaddi ihn sah, schwamm er darauf zu, hielt sich mit den Vorderpfoten daran fest, kletterte hoch bis zur Süllkante und hatte sich im Nu über die Schiffswand an Deck geschwungen, wo er sofort vor den fremden Kätzchen katzbuckelte.

Wie sie ihn empfingen, weiß ich gar nicht recht, denn unsere Jacht war schon längsschiffs, weil wir unseren Ausreißer wiederhaben wollten. Und wir waren ganz der Meinung des Kapitäns der Winnie L., der uns unseren kühnen Seekadetten hinüberreichte und sagte: »Also, ich hab ja schon viel geangelt, aber so was noch nicht!«

Als wir ein, zwei Tage später morgens unser Deck schrubbten, war Kaddi sehr ungehorsam. Er spazierte im Nassen herum, bis seine Pfoten mehr als feucht waren, und ging sie dann auf der weißen Bettwäsche unserer Kojen unten trocknen. Da riss dem Käpt'n der Geduldsfaden. Kaddi wurde ins Heck befohlen und nach einer tüchtigen Standpauke ins Beiboot gepackt, das achtern vertäut und abgestoßen wurde, so lang die Fangleine reichte. Das war eine strenge Strafe für unseren Kadetten, der nichts so schlecht ertragen konnte, wie wenn er von seinen geliebten Schiffskameraden getrennt war. Natürlich zerbrach er sich sein raffiniertes kleines Hirn, um herauszufinden, wie er entkommen konnte. Und erspähte flugs eine Stelle unter dem Heckteil der Jacht, vielleicht mal gerade zwölf Zentimeter über dem Wasser, einen kleinen Vorsprung am Ruder. Der reichte ihm. Er verschwendete keinen Gedanken daran, ob es ihm dort wirklich besser gehen würde. Es war ein Teil der Jacht, und die war sein Zuhause. Er sprang also wieder über Bord, schwamm zum Ruder, krabbelte hinauf und begann mitleiderregend zu schreien, damit wir ihn zurück an Deck holten. Und da er ein verwöhnter und sehr verzogener Kater war, wurde er bald von seinem unbequemen Rastplatz gerettet und in Gnaden wieder aufgenommen.

Ich strapaziere wahrscheinlich Ihre Gutgläubigkeit, wenn ich Ihnen noch mehr Heldentaten unseres Kadetten erzähle. Doch er war wirklich ein komischer Kater, und Sie können ruhig ein wenig Geduld aufbringen, denn von solch einem Katzenvieh hören Sie so bald nicht wieder. Also: Der Kapitän machte immer gern Schießübungen, wozu er natürlich an Land gehen musste. Auf einem seiner Ausflüge erlaubte er Kaddi mitzukommen, wenn auch, glaube ich, aus dem einfachen Grund, weil Kaddi entschlossen war, ihn zu begleiten, und ins Beiboot sprang, als der Kapitän einstieg. An Land suchte sich der Schütze einen schönen großen Stein als Auflage für sein Gewehr und eröffnete das Feuer. Beim ersten oder zweiten Schuss wirkte unser Kadett ein wenig konsterniert, machte jedoch keinerlei Anstalten wegzulaufen. Nach ein paar Runden schien er dann aber zu dem Schluss gekommen zu sein, wenn der Kapitän einen solchen Krach veranstaltete, dann hatte das gewiss alles seine gute Ordnung und war nichts, dessentwegen sich ein Katzentier auch nur im Geringsten den Kopf zerbrechen musste. Und wie um zu zeigen, wie vollkommen er auf das Urteilsvermögen und die guten Absichten des Kapitäns vertraute, legte sich dieser durch nichts zu erschütternde Kater seelenruhig hin, rollte sich zusammen und schlief im Schatten des Felsens, über dem das Gewehr des Kapitäns etwa alle zwei Minuten Feuer spie und knallte. Wenn jemand eine gelassenere oder gleichmütigere Katze kennt, dann: bitte vortreten.

Es wäre schön, wenn sich dieser Bericht nur auf die kühnen und verwegenen Kunststücke unseres Mannschaftskameraden beschränken könnte. Leider war sein Verhalten aber nicht stets über jeden Tadel erhaben. Wenn er Hunger hatte, vergaß er leicht seine Position als Seekadett und benahm sich wie jede andere Katze mit leerem Magen. Oder vielleicht ja auch nur so, wie es unter den Umständen jeder hungrige Seekadett getan hätte; da ich aber nicht genau weiß, was ein solcher unter allen möglichen Umständen tun würde, muss ich Sie im Unklaren belassen. Aber jetzt kommt eine der Untaten dieses Katzenseekadetten. Auf dem Weg nach Hause fuhren wir eines Nachmittags gegen Wind und Flut auf Wood Island zu, einen Hafen für viele kleinere Jachten zwischen Portland und den Shoals. Der Wind war leicht, und wir waren ein wenig spät mit dem Einlaufen. Deshalb kamen wir überein, dass es schöner wäre, wenn wir das Abendessen bis nach dem Ankern aufschöben, und sagten dem Koch, er solle das Essen warmhalten und den Tisch erst decken, wenn wir im Hafen wären. Sein Hauptgericht an dem Tag war ein leckeres Stück gebackener Fisch, und leider war der fast gar, als wir Befehl gaben, mit dem Essen zu warten. Der Koch schloss die Klappen seines kleines Herdes, ließ die Ofentür auf und haute sich in seine Koje, um dort ungestört ein Schläfchen zu halten – wie alle guten Seeleute, wann immer sich die Gelegenheit bietet. Denn in puncto Schlaf ist das Seemannsleben sehr unsicher, und man weiß nie genau, wann man ihn verpasst oder wie viel man verpasst. Da legt man sich besser einen satten Vorrat an, wann immer man kann.

Offenbar hatte unser Kadett Wache, doch als er sah, dass Charlie fest schlief, wollte er sich einen kleinen Vorgeschmack aufs Abendessen verschaffen. Anscheinend war er zu der Überzeugung gelangt, dass es sehr ungewiss war, wann wir essen würden, und dass er besser etwas aß, solange er konnte. Er schlich leise zum Herd, ging in aller Seelenruhe zur Bratröhre und nahm sich eine Portion gebackenen Schellfisch.

Aber entweder fiel sie ihm herunter, oder er machte sonst etwas falsch bei seiner Herangehensweise an die Sache, jedenfalls weckte er durch einen glücklichen Zufall für uns andere den Koch. Das Erste, was wir mitkriegten, war, dass Kaddi den Niedergang hochgeflogen kam, gefolgt von einem Hagel Schuhen, Löffeln und Kohlenstücken, und dass Charlie, der, wenn er aufgeregt war, zu ungebührlichem Sprachgebrauch neigte, »diesem

Dieb von Katze« die deftigsten Worte aus seinem Vokabular nachschleuderte.

»Was ist los?«, riefen wir alle auf einmal.

»So einiges, Sir!«, knurrte Charlie. »Das kleine Mistvieh hat die Hälfte des Fischs gefressen! Sie haben Glück, wenn Sie heute Abend überhaupt noch was zwischen die Zähne kriegen, Sir.«

Sie können sich darauf verlassen, dass Kaddi für diesen Streich einen gehörigen Rüffel kriegte, aber ich fürchte, der Kapitän vergaß, ihm, wie angedroht, seine Essenszuteilungen zu streichen. Er war viel zu gutherzig.

Schon am nächsten Abend verblüffte Kaddi uns wieder mit einer Demonstration von Gelassenheit und Mut. Nachdem wir den ganzen Tag gegen Wind und Seegang geknüppelt waren, gerieten wir nun in einer aufreizend leichten Brise in den Windschatten der kleinen Landspitze am Cape Neddick, wo wir für die Nacht den Anker warfen. Weil unsere Wasservorräte fast erschöpft waren, ruderten zwei aus der Gruppe im Beiboot an Land, um unser kleines Wasserfass aufzufüllen, und Kaddi durfte aufgrund einer Sondererlaubnis mit.

Es dauerte eine Weile, einen Brunnen zu finden, und als die Kannen alle voll waren, war es schon recht dunkel. Als die Männer das Boot für die Rückkehr zur Jacht zu Wasser ließen, erwischte es – Pech! – ein Brecher und warf es zurück an den Strand, wo es kenterte und die Jungs zusammen mit ihrer kostbaren Fracht ausspie. Im Eifer des Gefechts und in der Eile, das Boot wieder klarzumachen, vergaßen sie Kaddi völlig, und als sie es erneut zu Wasser ließen, fiel ihnen beiden nicht ein, nach dem Kater zu schauen. Es ging diesmal auch alles gut, und die

Jacht war schon nach wenigen Minuten in der Abenddämmerung zu sehen. Da fiel ihnen plötzlich Kaddi wieder ein! Der aber war nirgendwo zu sehen, und beide Männer erinnerten sich auch nicht, ihn nach dem Kentern des Boots gesehen zu haben. Die armen Burschen waren ordentlich bestürzt. Kaddi zu verlieren war fast, wie jemanden von der Crew zu verlieren.

Aber es war zu spät und zu dunkel, um noch einmal zurückzufahren und eine zweite Landung an dem Strand zu wagen. Man konnte nichts anderes tun, als den armen Kadetten seinem Schicksal zu überlassen beziehungsweise mit der Suche bis zum nächsten Morgen zu warten.

Doch als der Bug des Boots backbord an den Fender der Jacht stieß, kam unter den Hecksitzen zitternd ein nasser, verdreckter Kater hervor, der an Bord der Jacht sprang und gleich hinunter in die warme Kajüte flitzte. Das feuchte Abenteuer in der Brandung hatte Kaddi ganz auf sich gestellt bestanden. Er hatte sich aus dem nassen Grab gerettet, war an Bord des Bootes geschlüpft, kaum dass es wieder startbereit war, und hatte dann in der wärmsten Ecke Zuflucht gesucht. Das alles ohne die geringste Nörgelei und ohne in irgendeiner Weise um Hilfe zu bitten. Sein Selbstvertrauen und sein Mut waren fantastisch.

Und dann näherte sich die schöne einmonatige Kreuzfahrt ihrem Ende, und es ergab sich die Frage: Was tun mit unserem Seekadetten? Kein Gedanke, ihn in der kalten Welt seinem Schicksal zu überlassen, wenn wir auch überzeugt waren, dass sich ein so kluger, tapferer Kater überall durchschlagen würde. Wir wollten aber sein Wohlergehen im Auge behalten und ihn vielleicht auf unsere nächste Kreuzfahrt mitnehmen, wenn er ein gesetzterer, würdevoller Kater geworden war. Letztendlich beschlossen wir, ihn für den Winter bei einer Malerin, Miss Susan H., der Freundin eines unserer Mannschaftskameraden, unterzubringen. Sie wollte eine Atelierkatze und freute sich besonders, eine so geschickte, weitgereiste Persönlichkeit wie Kaddi aufzunehmen. Als die Jacht also an dem kleinen Kai in Annisquam vertäut war, wo ihre Kreuzfahrten immer endeten, als wir unsere Siebensachen zusammengepackt hatten und unsere Reise nach Boston antreten konnten, wurde Kaddi in einem Korb verstaut und mit in den Zug genommen. Er erduldete das Eingesperrtsein mit dem Gleichmut, den er in unserem Zusammenleben stets gezeigt hatte, wenn ich auch glaube, er war eingeschnappt, weil wir so gar kein Vertrauen in ihn setzten. Und, ehrlich gesagt, schämten wir uns auch ein wenig, und als wir erst einmal im Waggon waren, schlug einer vor, wir sollten Kaddi aus seinem Gefängnis entlassen und mal sehen, wie er sich benehmen würde. Wir hätten wissen müssen, dass er uns nicht blamieren würde. Denn nachdem er seine Umgebung inspiziert, über den Sitzrücken die anderen Fahrgäste beäugt, den Schaffner genau gemustert und die Gruppe gezählt hatte, ob auch keiner fehlte, kuschelte er sich auf dem Sitz zusammen, legte den Kopf auf die Knie des Kapitäns und schlief den ganzen Weg bis nach Boston.

Das war das letzte Mal, dass ich Kaddi gesehen habe. Er wurde in seine neue Unterkunft in der Boylston Street gebracht, wo er ein paar Monate sehr angenehm lebte und mit seinen guten Manieren und seinem ausgeglichenen Wesen viele Freunde fand. Dann aber wurde es ihm wohl in Boston ein wenig langweilig. Im Künstlermilieu fühlte er sich nicht ganz zu Hause. Ich war und bin der Meinung, dass er sich nach der Freiheit des Seemannslebens sehnte. Er saß immer gern am offenen Fenster, wenn der Wind aus dem Osten kam, und schien von weit entfernten Landen zu träumen. Eines Tages verschwand er. Man fand nie wieder eine Spur von ihm. Ihm kann alles Mögliche passiert sein. Aber ich habe und hatte immer das Gefühl, dass er hinunter zu den Kais und den Schiffen und den Seeleuten gegangen ist, versucht hat, seine alten Freunde wiederzufinden, und überall nach der tüchtigen kleinen Eyvor Ausschau gehalten hat. Und als er sie nicht fand, davon bin ich überzeugt, hat er auf einem Ostindienfahrer angeheuert und ist jetzt ein Matrosenkater auf hoher See.

Athénaïs Michelet

Wenn sie denn sprechen könnten

Warum eigentlich noch über Katzen schreiben, wo das Thema doch bereits von so vielen schönen und klugen Büchern erschöpft zu sein scheint?

Ich sehe schon jetzt manch ein verschmitztes Lächeln vor mir: Madame spricht also mit ihrer Katze, das sagt doch sicher einiges über sie aus?

Das hoffe ich sehr, liebe Leserinnen und Leser. Aber bitte laufen Sie mir unterwegs nicht davon. Begleiten Sie mich doch auf dieser Forschungsreise, und Sie werden den Eindruck haben, wir begegneten uns tatsächlich. Die Annäherung wird durchaus ihren Charme haben. Und wenn Sie mich wiederum ebenfalls hin und wieder lächeln sehen, dann deshalb, weil ich mich plötzlich unwillkürlich an folgende Zeilen einer Fabel des guten Jean de La Fontaine erinnert fühle:

Jedes Geheimnis ist 'ne Last;
Den Frauen wird es schwer, sie weit zu tragen.
Hierin sind alle Männer fast
Auch Weiber nur, das muss ich sagen.

Von einem scharfsinnigen Schriftsteller stammen die folgenden wahren Worte: »Die Katze kann in den Menschen in gleichem Maße Ablehnung und Zuneigung auslösen.« Niemand ist ihr gegenüber unempfindlich.

Dabei habe ich nicht gerade die prächtige Angorakatze vor Augen, die in eleganten Boudoirs anmutig und wie zur Zierde auf den Kissen sitzt. Dieses Exemplar ist im Grunde genommen nichts als Pelz.

Aber worin liegt das Geheimnis der großen und langlebigen Leidenschaft, die viele arme Menschen gegenüber diesen Tieren verspüren, die sich doch alles andere als einladend verhalten? Ihre mageren Flanken erzählen von den schweren Zeiten, die sie durchleiden mussten, bevor man sich um sie sorgte. Warum nehmen so viele Menschen, vor allem in den Städten, Katzen bei sich auf? Ist es eine Besessenheit schrulliger alter Jungfern und vernachlässigter Ehefrauen? Das scheint die einschlägige Antwort zu sein.

Niemand unter all denen, die ich gefragt habe, konnte nachempfinden, wie sehr die Sehnsucht nach Liebe ein einsames Herz plagen kann, und niemand wollte anerkennen, dass sich die ruhigen Gewohnheiten der Katze – eines Wesens, dem man Egoismus und wilde Unabhängigkeit nachsagt – letztlich am besten in das häusliche, ruhige Leben einer zurückgezogenen Frau fügen.

Ich kenne einige Katzen, die die Welt von der Geburt bis zu ihrem Tode nur flüchtig, zwischen zwei Blumentöpfen hindurch, von der Fensterbank ihres Frauchens aus kennengelernt haben.

Tigrine setzt sich am liebsten auf meine Schultern, um zu beobachten, was auf der Straße passiert. Auch die Treppe macht sie neugierig; sie schaut durch die Geländerstäbe, als wollte sie ihre Entfernung zum Hof abschätzen. Doch stets muss jemand von uns bei ihr sein, damit sie beruhigt ist.

Schließt sich hinter ihr die Tür, scheint sie die Leere zu begutachten, die sie plötzlich umgibt. Wenn sich nichts regt, fürchtet sie sich und ruft um Hilfe.

Neulich abends schlich sie sich unbemerkt hinaus und kletterte bis ins vierte Stockwerk, höher traute sie sich nicht. Dort verharrte sie zunächst still.

Nach einer einsamen Viertelstunde jedoch geriet sie in Angst. Ihr sonst so sanftes Miauen klang plötzlich sonderbar. Man hätte sie für ein weinendes Kind halten können, so verzweifelt heulte sie. Wir alle riefen sie zu uns hinunter. Vor lauter Schrecken konnte sie keinen Schritt tun. In ihrem Köpfchen hatte sich die Furcht derart ausgebreitet, dass sie es nicht wagte, allein das Stockwerk herabzusteigen, das uns voneinander trennte. Ich musste sie zu mir holen. Wie ein Kind, das sich vor Verzweiflung nicht mehr halten kann, klammerte sie sich an mir fest und wollte in der mütterlichen Brust versinken. Nachdem wir sie ausgiebig gestreichelt hatten, wollten wir sehen, ob in ihrem Blick wieder Vertrauen lag, doch sie schaute uns nur traurig an, durch den Schleier zweier dicker Tränen.

Bei diesem vertraulichen Beisammensein zweier einsamer Seelen geht zuweilen eine erstaunliche Umkehrung vonstatten. Die stumme Träumerin, die eine geheimnisvolle Welt in sich zu tragen scheint, übt nach und nach immer größere Faszination auf jene Frau aus, die in ihrem Herzen Schätze der Zärtlichkeit birgt. Sie glaubt, einen Menschen vor sich zu sehen, und versteht alles, was die Katze sagen würde, wenn sie denn sprechen könnte.

Die Frau wird zum Muttersein geboren: Bereits im ersten Brabbeln erkennt sie die Intelligenz ihres Kindes, dafür sind keine Worte vonnöten. Die Mutter brabbelt ebenfalls und übersetzt somit ganz ausgezeichnet diese rätselhafte Kindersprache. Sanft dringt sie in die stumme Gedankenwelt des Wesens ein, das die Grenzen des Schicksals durchbrechen zu wollen scheint.

Sie kann seine Stille und seine leisesten Schreie in Worte fassen.

An anderer Stelle schrieb ich bereits, dass die Katze für mich schon sehr früh ein Forschungsobjekt, eine Freundin und fast eine Trösterin war. Und mehr noch als das, denn die Vorstellungskraft eines leidgeprüften Mädchens blüht auf, sodass sie jene älterer Menschen weit übersteigt.

Wer die traurige Geschichte von Moquo nicht vergessen hat, erinnert sich womöglich noch daran, dass im Haus meines Vaters siebzehn Katzen lebten. Stets gab es Gründe, erst diese, dann jene Katze am Leben zu lassen und bei uns aufzunehmen. Das Grundstück war groß, es gab Platz genug.

Natürlich verhielt sich nicht jede dieser vielen Katzen, die übrigens sehr unterschiedlicher Abstammung waren, wie ein kleiner Engel. Le Tisserand und sogar der ehrwürdigen Finette lastete so manche Sünde auf dem Gewissen; Zizi entlockte mir, trotz ihres vornehmen Gebarens und ihrer gewohnten Sittsamkeit, den einen oder anderen Fluch. Und auch die Katzenjungen ließen in Hinblick auf ihre Erziehung durchaus einiges zu wünschen übrig.

Mich erstaunte die Nachsicht, die wir unseren Tieren

üblicherweise entgegenbrachten, auch wenn wir sie für ihre Taten verantwortlich machten. Allein die Gelehrten weigerten sich manchmal, sie als eigene Persönlichkeiten anzusehen.

Warum, fragte ich mich, rügten wir sie nur halbherzig und verziehen ihnen schon so bald? Anhand dieser Überlegung verglich ich die Fehler unserer Katzen mit den meinen, um herauszufinden, ob ihre wohl weniger schwer wogen. Ganz sicher war ich mir da nie. Schließlich hatten sie nicht so viele Verpflichtungen wie ich, keine von ihnen hatte eine Aufgabe zu erfüllen. Der Hund liegt an der Kette, das Rind steht auf dem Acker. Der Mäusejagd gingen die Katzen nur zu ausgesuchten Zeiten nach, sofern man sie überhaupt als Arbeit bezeichnen kann (sie erscheint vielmehr als Spiel, als Vergnügen). Wer hätte sie auch davon abhalten können, einfach loszulaufen, sobald sie es sich in den Kopf gesetzt hatten? Den ganzen Tag lang konnten wir beobachten, wie sie sich ihren wechselnden Launen hingaben, fortgingen, wann es ihnen passte, sogar Zizi, sogar Blanchette, die eigentlich in der Nähe des Hauses bleiben sollten, wie es sich für kleine Mädchen eben gehört. Nach Lust und Laune liefen sie über die Felder oder kletterten auf den Dächern umher.

Während ich sie in ihrer Entwicklung betrachtete, tat sich mir eine ganze Gedankenwelt auf. Ich verglich sie nicht mit den Erwachsenen (dazu waren sie ja viel zu klein), sondern mit uns Kindern, die noch Hilfe brauchten. Der freie Vogel, der nah und im nächsten Moment fern ist, gehörte nicht zur Familie, ihn berücksichtigte ich bei meinen Vergleichen nicht. Warum genossen allein die Katzen ein so zwangloses, glückliches Leben? Ich nahm es ihnen nicht übel, vielmehr beneidete ich sie um diese stolze Unabhängigkeit. Wenn sie mich in diesen Momenten der Sehnsucht tief aus ihren grünen Augen heraus anblickten, glaubte ich, sie wollten gleich mit mir sprechen, mir das Geheimnis dieser Freiheit und der einzigartigen Sorglosigkeit verraten, die sie stets umgaben. Fast wollte ich sie als höherwertige Wesen betrachten. Doch in Wahrheit ähnelten wir uns.

An klaren, leicht windigen Tagen fiel mir auf, dass all unsere Katzen wachsam und unruhig waren, sich nicht streicheln ließen, sich anscheinend lieber zurückzogen und uns voller Bissigkeit anfauchten.

Ich würde es nicht wagen, schlecht über meine Großeltern zu sprechen, doch damals waren auch wir Kinder nicht gerade umgänglich. Häufig setzten wir uns gegen Ermahnungen zur Wehr. Wenn es jedoch heiß und neblig war oder ein Gewitter drohte, kamen wir alle zusammen. Da wollte eine der Katzen plötzlich Gesellschaft und sprang auf den Tisch ihres jungen Frauchens, das gerade über seinen Heften saß und lernte. In aller Seelenruhe legte sie sich hin, entspannte sich, ließ schließlich den ganzen Körper erschlaffen und streckte die Pfoten aus, bis sie alle Papiere und das Buch bedeckte. Was tun? Während das Frauchen noch darüber nachdachte, fielen ihm die schweren Lider zu. Statt eines arbeitsamen Mädchens fand Papa später zwei auf den Tisch gestützte Köpfe vor, beide in tiefem Schlaf.

Im Winter empfand ich ihre Anwesenheit im Haus als äußerst behaglich. Sie schliefen nicht fortwährend, sondern erwachten auch gelegentlich, zu ihrem Glück jedoch nicht zu denselben Zeiten wie wir. Wenn die Katzenmütter mit ihren Jungen im Schlepptau zur Versammlung eintrafen, war das jedes Mal ein wahres Schauspiel. Auch wenn die Darsteller sehr in ihr Spiel vertieft waren, schienen sie nichts gegen ein wenig Applaus zu haben. Unter unseren Blicken tollten, sprangen und wirbelten sie herum; sie nahmen keinerlei Rücksicht aufeinander, jede einzelne Katze war in eine ausgelassene Hatz oder ein irrwitziges Toben verwickelt. Nur mit großer Mühe konnte man bei diesem Anblick still und regungslos dasitzen.

Die Natur gewann die Oberhand, Gelächter brach aus. Miss Emma, meine Mutter, ließ den Spinnrocken los. Ich selbst hob den Kopf.

Das waren kurze Augenblicke, gewiss, aber so reizende kurze Augenblicke, dass sie mir bis heute im Gedächtnis geblieben sind.

(Vorwort zu: *Meine Katzen. Wenn sie denn sprechen könnten*)

Victor Auburtin

Die Dame mit der gestreiften Katze

In dem Abteil der Vorortbahn sitzen wie üblich acht
oder zehn Personen, die mittags in die Stadt fahren,
um die Theaterplätze zu besorgen oder um Geld von der
Bank zu holen oder so etwas Ähnliches.

Die meisten lesen in ihren Zeitungen. Die anderen blicken mit jener hochmütigen Herablassung drein, die ein
Zeichen guter Erziehung ist. Der Herr mit der Tiefquart
und dem Tiroler Hut macht ein Gesicht, als wolle er uns
allen, der Reihe nach, eine herunterhauen; der muss aus
einem besonders vornehmen Hause sein.

Da betritt die Dame mit der gestreiften Katze das Abteil, und mit einem Schlage ändert sich die ganze Lage.

Die Dame mit der gestreiften Katze ist ein Fräulein,
das offenbar an einem Wohnungsumzug beteiligt ist und
die Aufgabe übernommen hat, die Hauskatze in unauf-
fälliger Weise in das neue Heim zu befördern. Zu diesem
Behuf hat sie die gestreifte Katze in einen Pompadour gesteckt, sodass die Katze sich nicht bewegen und nicht
entkommen kann, sondern nur ihr Kopf frei bleibt und
an den Begebenheiten Anteil hat.

Es muss gesagt werden, dass die Katze sich in dieser
schwierigen Lage vorzüglich benimmt. Sie ist offenbar
noch nie auf der Vorortbahn gefahren, und man könnte

erwarten, dass sie Furcht empfindet vor den heftigen Geräuschen und Erschütterungen oder vor dem Phantom eines vorbeibrausenden Zuges; aber nichts dergleichen, sie betrachtet alles mit ruhiger Aufmerksamkeit, und kein Ruf des Schreckens oder Erstaunens kommt über ihre Lippen.

Was dagegen uns Fahrgäste anbetrifft, so sind wir mit dem Auftreten der Katze andere Menschen geworden.

Der Herr mit der Tiefquart und dem Tiroler Hut hat plötzlich vergessen, aus welch vornehmem Hause er stammt, und lacht die Katze vergnügt an. Eine dicke Dame, welche Brillantohrringe trägt, wackelt heimlich mit dem Finger, um die Aufmerksamkeit der Katze zu erregen oder ihr vielleicht gar ein Lächeln abzugewinnen. Und wir anderen haben unsere Zeitungen sinken lassen und betrachten gespannt dieses geheimnisvolle und kluge, kleine Gesicht, auf dessen Stirn die dunkleren Streifen ein lateinisches ›M‹ bilden.

Und es ist, als sei mit der Katze etwas von verlorener Einfalt und von Paradiesestum zu uns hineingekommen; in das Abteil der Vorortbahn.

Lasst uns den Umgang mit Tieren pflegen, Freunde, damit wir unsere unsterbliche Seele nicht verlieren. Zu dem Tiere dürfen wir freundlich und menschlich sein, ohne uns unserer bürgerlichen Würde zu begeben. Vor dem Tiere können wir uns noch schämen; denn das Tier ist besser als wir, wozu ja allerdings meistens nicht viel gehört.

Charles G. D. Roberts

Wie eine Katze Robinson Crusoe spielte

Die Insel war lediglich eine Sandbank vor der flachen, ebenen Küste. Kein Baum erhob sich über ihren kahlen Weiten, nicht einmal ein Gebüsch. Lediglich die langen, festen Halme des Schlickgrases bedeckten sie ab der Gezeitenmarke, und ein winziges Süßwasserbächlein, das aus einer Quelle in der Inselmitte entsprang, zog ein Band aus Festlandspflanzen und zarterem Grün über das harsche, düstere Gelbgrau des Schlickgrases. Wohl kaum jemand würde auf dieser Insel leben wollen, doch an ihrem dem Meer zugewandten Ende, wo die wechselnden Gezeiten nie ruhten, stand ein geräumiges einstöckiges Cottage mit einer breiten Veranda und einem niedrigen Schuppen dahinter. Der Vorteil dieses einsamen Fleckchens Sand war die Kühle. Wenn das benachbarte Festland Tag und Nacht unter einer erdrückenden Hitze schmachtete, wehte hier draußen auf der Insel immer eine kühle Brise. Deshalb hatte ein kluger Stadtbewohner dieses offenbar herrenlose Stück Land im Meer in Besitz genommen und darauf ein Sommerhaus gebaut, und vielleicht färbte ja die kräftige Luft die blassen Wangen seiner Kinder wieder rosig.

Die Familie kam Ende Juni auf die Insel. In der ersten Septemberwoche verließ sie sie wieder. Die Läden wurden vorgelegt, alle Türen und Fenster von Haus und Schuppen verschlossen und verriegelt und gegen die Winterstürme gesichert. Ein geräumiges Boot, von zwei Fischern gerudert, brachte die Familie über die halbe Meile kabbeliger See, die sie vom Festland trennte. Den älteren Angehörigen tat es nicht leid, nach zwei Monaten mit nichts als Wind und Sonne, Wellen und wogenden Grasspitzen wieder in die menschliche Gesellschaft zurückzukommen. Aber die Kinder gingen mit tränenverschmierten Gesichtern. Sie ließen ihr Lieblingstier zurück, den vertrauten Gefährten ihrer Streifzüge, eine hübsche, wie ein Tiger gestreifte, mondgesichtige Katze. Vor zwei Tagen war das Tier auf mysteriöse Weise wie vom Erdboden verschwunden. Die einzige vernünftige Erklärung schien darin zu bestehen, dass sie von einem vorbeifliegenden Adler gepackt worden war. In Wirklichkeit steckte die Katze am anderen Ende der Insel fest, war gefangen unter einem zerbrochenen Fass und mehreren Zentnern Treibsand.

Das alte Fass, dessen Dauben an der einen Seite hochstaken, hatte halb vergraben oben auf einer von einem lang anhaltenden Wind aufgeworfenen Sandverwehung gestanden. In seinem Windschatten fand die Katze eine sonnige, geschützte Kuhle, lag stundenlang zusammengerollt dort, ließ sich von der Sonne bescheinen und schlief. Aber hinter der wackligen Barriere häufte sich der Sand beständig höher auf. Schließlich war er zu hoch, das Fass kippte in einer besonders starken Bö plötzlich um, wurde unter einer Masse von Sand verschüttet und die schlafende Katze so begraben, dass sie im Dunkeln lag und nicht mehr zu sehen war. Der heile Teil des Fasses bildete jedoch ein sicheres Dach für ihr Gefängnis; sie wurde weder zerquetscht noch erstickt. Als die Kinder bei ihrer ängstlichen Suche auf der gesamten Insel auf den Hügel feinen weißen Sandes stießen, schenkten sie ihm nur einen achtlosen Blick. Die leisen Schreie, die in Abständen aus der dichten Dunkelheit darin kamen, hörten sie nicht. Betrübt gingen sie weg und hätten im Traum nicht gedacht, dass ihre Freundin beinahe unter ihren Füßen eingesperrt lag.

Drei Tage lang schrie die Gefangene um Hilfe. Am dritten Tag schlug der Wind um und wuchs sich bald zu einem Sturm aus. Der fegte in wenigen Stunden das Fass frei. In einer Ecke zeigte sich ein winziger Lichtfleck.

Aufgeregt schob die Katze die Pfote durch das Loch. Als sie sie wieder herauszog, war es viel größer. Sie verstand, was das bedeutete, und fing an zu graben. Zunächst waren ihre Bemühungen ziemlich fruchtlos, doch ob durch Glück oder schnelle Auffassungsgabe, sie lernte, effektiver zu graben. Die Öffnung wurde schnell breiter, und zum Schluss konnte sie sich hinauszwängen.

Wie toll brauste der Wind über die Insel und brachte eine Menge Sand mit. Lärmend stürzten die Wogen auf den Strand und verwüsteten ihn. Es klang wie ein Bombardement. Das Gras lag flachgedrückt in langen, bebenden Reihen. Aus einem hohen, wolkenlosen Himmel schaute die Sonne auf den Tumult hinunter. Als die Katze von der ersten vollen Gewalt einer Bö erfasst wurde, wurden ihr die Füße unter dem Körper weggerissen. Sobald sie sich wieder aufgerappelt hatte, duckte sie sich tief, flitzte los und suchte Zuflucht im Gras. Die langen Halme wurden jedoch so flach an den Boden gedrückt, dass sie wenig Schutz boten. Da preschte die Katze durch die gepeitschten Linien hart vor dem Wind auf das Cottage am anderen Ende der Insel zu, wo sie, bildete sie sich voller Vorfreude ein, nicht nur Futter und Schutz, sondern auch den liebevollen Trost finden würde, bei dem sie Furcht und Schrecken vergessen würde.

Angesichts des stillen, verlassenen Hauses in der hellen Sonne und des reißenden Windes wurde ihr bange. Sie verstand die fest geschlossenen Läden nicht, die blinden, abweisenden Türen, die sich ihrem ängstlichen Flehen nicht öffneten. Erbarmungslos schob der Wind sie über die leere Veranda. Mit Mühe kletterte sie auf das Sims des Esszimmerfensters, durch das sie so manches Mal eingelassen worden war, klammerte sich dort ein paar Augenblicke fest und miaute herzzerreißend. Dann sprang sie in jäher Panik herunter und rannte zum Schuppen. Auch der war verschlossen. Noch nie hatte sie erlebt, dass die Schuppentüren geschlossen waren, sie begriff es nicht. Vorsichtig kroch sie am Unterbau entlang, aber der war solide gebaut, an ein Hineinkommen war nicht zu denken. Und das alte, vertraute Haus zeigte ihr auf allen Seiten nichts als ein leeres, abweisendes Gesicht.

Die Katze war von den Kindern immer so verhätschelt und verwöhnt worden, dass sie sich nie selbst ihr Futter hatte suchen müssen. Doch Gott sei Dank hatte sie gelernt, die Strand-Erntemäuse und Feldsperlinge zum Vergnügen zu jagen. Ausgehungert nach dem langen Fasten unter dem Sand schlich sie nun traurig von den verlassenen Gebäuden weg und kroch im Windschatten einer Bodenwelle zu einer kleinen, grasbewachsenen Mulde, die sie kannte. Hier riss der Sturm nur an den

Spitzen der Grashalme, und in der Wärme und relativen Ruhe ging das fellbewehrte Inselvölkchen, Mäuse und Spitzmäuse, ungestört wie üblich seinen Geschäften nach.

Schnell und listig, wie die Katze war, hatte sie schon bald eine Maus gefangen und ihren Hunger gestillt. Sie fing mehrere. Und dann lief sie wieder zum Haus zurück, strich todunglücklich immer darum herum, schnupperte und spähte und maunzte mitleiderregend an der Schwelle und den Fenstersimsen und wurde immer wieder schmachvoll über den glatten, nackten Verandaboden gefegt. Vollkommen entmutigt rollte sie sich schließlich unter dem Fenster der Kinder zusammen und schlief ein.

Trotz Einsamkeit und Kummer war das Leben der Inselgefangenen während der nächsten zwei, drei Wochen nicht etwa entbehrungsreich. Sie fand genügend Futter in Gestalt von Vögeln und Mäusen und lernte schnell, in der Mündung des Bächleins, wo Salzwasser und Süßwasser zusammenflossen, winzige Fische zu fangen. Es war ein aufregendes Spiel, und sie wurde ungemein geschickt darin, die grauen Frostfische und blausilbernen Sandaale mit einem Hieb ihrer bewaffneten Pfote weit das Ufer hinaufzuschleudern. Als aber die Äquinoktialstürme mit wütendem Regen und tiefhängenden, schwarzen Wolkenfetzen über die Insel tosten, wurde ihr Leben beschwerlicher. Die Beutetiere gingen samt und sonders in Deckung, wo sie schwer zu finden waren, in dem klatschenden, nassen Gras war schwer vorwärtszukommen, und darüber hinaus hasste die Katze die Nässe. Die meiste Zeit saß sie hungrig, missmutig und niedergeschlagen im Windschatten des Hauses und beobachtete trotzig den Ansturm der sich überschlagenden, tobenden Wellen.

Der Sturm dauerte etwa zehn Tage, dann legte er sich. Am achten Tag wurde das verlassene Wrack eines kleinen Schoners aus Neuschottland angespült, so zerschlagen, dass es gar nicht mehr wie ein Schiff aussah. Aber obwohl es nur noch ein Gerippe war, waren doch noch ein paar Passagiere an Bord. Eine Schar Ratten schaffte es durch die Brandung und flitzte in das schützende Gras. Sie machten es sich rasch gemütlich, gruben sich unter die Wurzeln und alten, halbvergrabenen Holzplanken und verbreiteten Angst und Schrecken in den Reihen der Mäuse und Spitzmäuse.

Als der Sturm vorüber war, erlebte die Katze auf ihrem ersten langen Jagdausflug eine wahrhafte Überraschung. Etwas raschelte heftig im Gras, in Erwartung einer besonders großen, fetten Strand-Erntemaus nahm sie die Spur auf. Als sie aber lossprang und auf einer riesigen, weitgereisten, kampferprobten alten Schiffsratte landete, wurde sie böse gebissen. Vor solchen Erfahrungen hatte das Schicksal sie bisher bewahrt. Zuerst war sie so verletzt, dass sie um ein Haar einen Rückzieher gemacht hätte und weggerannt wäre. Dann aber erwachten ihre verborgene Kampfeslust und das feurige Temperament ihrer Ahnen. Wütend und ohne sich um die erlittenen Wunden zu scheren, warf sie sich ins Gefecht, und das war auch bald beendet. Ihre Wunden, gewissenhaft geleckt, verheilten in der reinen, kräftigenden Luft bald von selbst, und da sie nun gelernt hatte, mit solch großer Beute umzugehen, wurde sie nicht mehr gebissen.

In der ersten Oktoberwoche, beim ersten Vollmond,

nachdem sie verlassen worden war, setzte auf der Insel ruhiges Wetter mit scharfen Nachtfrösten ein. Da entdeckte die Katze, wie aufregend es war, nachts zu jagen und das Schlafen bei Tage zu erledigen. Sie stellte fest, dass unter dem eigentümlich hellen Mond außer den Vögeln, die während des Sturms zum Festland geflüchtet waren und sich dort für ihren Flug nach Süden sammelten, ihre Beutetiere alle auf den Beinen waren. Überall, merkte sie, raschelte es im bleichen Gras, und über den gespenstisch weißen Sand flitzten mit spitzem Piepsen allenthalben verschwommene kleine Gestalten. Die Katze machte auch die Bekanntschaft eines neuen Vogels, den sie zunächst mit Unbehagen und dann mit rachedurstigem Zorn betrachtete. Es war die Kap-Ohreule, die vom Festland kam, um ein wenig herbstliche Mäusejagd zu betreiben. Es gab zwei Paare dieser großen, rundäugigen Jäger mit den flauschigen Flügeln. Dass eine Katze auf der Insel war, wussten sie nicht.

Als diese eine der Eulen erspähte, wie sie lautlos hier und dort auf die silbrigen Grasspitzen herniederstieß, legte sie die Ohren an und duckte sich. Mit der immensen Spannweite der Flügel sah der Vogel größer aus als sie selbst, und das große runde Gesicht mit dem krummen Schnabel und den wild stierenden Augen wirkte extrem furchterregend. Aber die Katze war nicht feige und begab sich bald, wenn auch nicht ohne eine gehörige Portion Vorsicht, auf die Jagd. Da allerdings entdeckte die Eule plötzlich sie im Grase – sah vermutlich ihre Ohren oder ihren Kopf. Sie griff an, und die Katze sprang sofort, schrill fauchend und zischend, mit ausgefahrenen Krallen hoch, um den Angriff zu parieren. Mit hektischem Schlagen ihrer großen Schwingen drehte die Eule ab und flog wieder in die Luft, nur knapp entkam sie dem Zugriff der wütenden Krallen. Von da an machten die Eulen geflissentlich einen weiten Bogen um die Katze. Sie begriffen, dass man sich besser nicht mit dem schwarz gestreiften, sprunggewaltigen Tier mit den zupackenden Krallen anlegte. Schließlich war sie eine Verwandte des jähzornigen Herumtreibers, des Luchses.

Trotz der intensiven Jagerei wimmelte es im Schlickgras von den kleinen Gesellen mit dem weichen Fell, in deren Reihen die Raubzüge der Katze, der Ratten und Eulen keine größeren Löcher schlugen. Unter dem gleichgültigen Mond gingen das ausgelassene Treiben und das Jagen nebeneinander weiter.

Als der Winter mit scharfen Kälteeinbrüchen und wechselnden Winden voranschritt, war die Katze gezwungen, ständig ihr Quartier zu wechseln, und sie fühlte sich immer unwohler. Nun spürte sie ihre Obdachlosigkeit doch sehr. Auf der ganzen Insel fand sie kein Eckchen, wo sie vor Wind und Regen geschützt war. Und das alte Fass, mit dem ihr ganzes Unglück begonnen hatte, war auch zu nichts nütze. Schon lange hatten die Winde es zum Himmel hin offen umgedreht, es voller Sand geweht und wieder begraben. Aber die Katze hätte ohnehin Angst gehabt, ihm noch einmal nahe zu kommen. So geschah es, dass sie als einzige der Inselbewohner keinen Unterschlupf hatte, in den sie sich flüchten konnte, als der Winter wirklich einsetzte, mit Schneemassen, die die Grasspitzen bedeckten, bis sie nicht mehr zu sehen waren, und Frösten, die das Ufer mit knirschenden Eiskrusten einfassten. Die Ratten hatten ihre Löcher unter den begrabenen Wrackteilen, die Mäuse und Spitzmäuse ihre tiefen, warmen Gänge, die Eulen Nester in hohlen Bäumen in den Wäldern des Festlandes. Aber die Katze konnte, zitternd und verängstigt, nichts tun, als sich an die nackten Wände des unbarmherzigen Hauses zu ducken, und musste es zulassen, dass der Schnee um sie herumwirbelte und sich aufhäufte.

Und in dieser Notlage fand sie auf einmal auch nichts mehr zu fressen. Die Mäuse flitzten sicher und geschützt durch ihre verborgenen Gänge; die Graswurzeln an den Wänden boten ihnen leicht zugängliches, reichliches Futter. Auch die Ratten waren nicht zu sehen. In der Hoffnung, auf einen Gang der Mäuse zu stoßen, gruben sie ihrerseits Gänge in den weichen Schnee und schnappten sich dann und wann einen unachtsamen Vorübereilenden. Der Eisrand, der sich unter der gnadenlosen Flut hochschob und knarrte, setzte dem Fischefangen ein Ende. Bald war die Katze so hungrig, dass sie sogar versucht hätte, eine der furchterregenden Eulen zu fangen. Aber die kamen nicht mehr zur Insel. Später im Winter, wenn der Schnee fest geworden war und die Mäuse herauskamen und auf der Oberfläche spielten, würden sie bestimmt wieder auftauchen.

Im Moment war die Jagd tief im Wald auf den Bergen viel leichter.

Als es aufhörte zu schneien und die Sonne wieder herauskam, wurde es so schneidend kalt, wie die Katze es noch nie erlebt hatte. Zufällig war der Tag, an dem das passierte, Weihnachten; und wenn die Katze das gewusst hätte, hätte sie sich den Tag sicher im Kalender angestrichen, weil er so ereignisreich für sie war. Sie war derartig ausgehungert, dass sie nicht schlafen konnte und unentwegt herumlief. Was für ein Glück, denn wenn sie ohne einen besseren Schutz als die Wand des Hauses eingeschlafen wäre, wäre sie gewiss nie wieder aufgewacht. In ihrer Ruhelosigkeit wanderte sie zur anderen Seite der Insel, wo sie in einer etwas geschützteren, sonnigen Nische am Ufer gegenüber dem Festland ein Fleckchen nackten, von Eiskrusten freien und gerade von der Flut freigelegten Sand fand. Und zu dieser Nische hin öffneten sich winzige Eingänge zu Mäuselöchern.

Vor Anspannung zitternd duckte sich die Katze dicht neben einen dieser Eingänge im Schnee. Sie wartete länger als zehn Minuten und zuckte dabei nicht einmal mit einem Schnurrhaar. Endlich schob eine Maus ihren kleinen, spitzen Kopf heraus. Die Katze, die nicht wagte, ihr die Zeit zu lassen, es sich anders zu überlegen oder Angst zu kriegen, stürzte sich sofort auf sie. Die Maus sah ihr Verhängnis, ehe es sie ereilte, und drehte sich in dem engen Gang um. Kaum begreifend, was sie da in ihrer Verzweiflung tat, tauchte die Katze mit Kopf und Schultern in den Schnee und langte blindlings nach der verschwindenden Beute. Sie hatte Riesenglück und erwischte sie.

Nach vier qualvollen Tagen war das ihre erste Mahlzeit. Die Kinder hatten immer versucht, mit ihr ihren Jubel und ihre Freude zu Weihnachten zu teilen, und es war ihnen auch meist gelungen, indem sie ihr üppige Sahneportionen ausgeschenkt hatten. Doch einen so leckeren Weihnachtsschmaus wie heute hatte die Katze noch nie verspeist.

Außerdem hatte sie eine Lektion gelernt. Sie war von Natur aus klug, und da ihr Verstand durch die bittere

Not nun noch mehr geschärft war, begriff sie, dass sie ihrer Beute ein wenig in den Schnee folgen konnte. Ihr war nicht klar gewesen, dass der Schnee so leicht zu durchdringen war. Da sie den Eingang zu dem einen Gang vollständig zerstört hatte, hockte sie sich neben einen ähnlichen, aber sie musste lange warten, bis eine abenteuerlustige Maus kam und herauslugte. Doch die Katze hatte ihre Lektion wirklich gelernt. Sie stürzte sich sofort auf eine Stelle ein wenig seitlich des Eingangs, wo, sagte ihr ihr Instinkt, der Körper der Maus sein musste. Und so kam es, dass eine ausgestreckte Pfote dem Opfer den Rückzugsweg abschnitt. Das Vorgehen erwies sich als absolut erfolgreich, und als die Katze mit dem Kopf in das kuschelige Weiß tauchte, fühlte sie die Beute in den Pfoten.

Als ihr Hunger weitgehend gestillt war, stellte sie fest, dass sie diese neue Art des Jagens überaus begeisterte. Sie hatte schon oft an Mauselöchern gewartet, aber nie gedacht, dass man die Wände einreißen und in die Löcher selbst eindringen konnte. Eine faszinierende Vorstellung. Als sie zu einem anderen Loch schlich, huschte eine Maus schnell den Sand hoch und flitzte hinein. Die Katze kam zu spät, um sie zu fangen, bevor sie verschwand, doch sie versuchte, ihr zu folgen. Sie kratzte ungeschickt, aber hoffnungsfroh, und schob sich auch wahrhaftig mit ihrem gesamten Körper in den Schnee. Von dem Flüchtling fand sie allerdings keine Spur – der huschte sicher schon heil und munter durch einen düsteren Quergang. Enttäuscht zog sich die Katze zurück, Augen, Maul, Schnurrbart und Fell voll pulvriger weißer Flocken. Doch da bemerkte sie, dass es unter dem Schnee viel wärmer gewesen war als draußen in der beißenden Kälte. Das war eine zweite und überlebenswichtige Lektion; und obwohl sie wahrscheinlich nicht wusste, dass sie sie gelernt hatte, wandte sie das neue Wissen schon kurz darauf in der Praxis an.

Nachdem es ihr gelungen war, noch eine Maus zu fangen, obwohl ihr Hunger es nicht unmittelbar erforderlich machte, trug sie diese zurück zum Haus und legte sie als Geschenk auf die Verandatreppe. Dann miaute sie und schaute erwartungsvoll auf die trostlose, schneebedeckte Tür. Als niemand herauskam, trug sie die Maus zu der Kuhle hinter einer Schneewehe, die sich an dem gewölbten Erkerfenster am Ende des Hauses gebildet hatte.

Aber die dort stehende Kälte war zu durchdringend. Die Katze betrachtete die schräge Schneewand neben sich und schob vorsichtig die Pfote hinein. Der Schnee war sehr weich und locker. Er bot keinerlei Widerstand. Ungeschickt scharrte sie mit der Pfote vor sich hin, bis eine winzige Höhle entstanden war. Sie schob sich behutsam hinein, drückte den Schnee zu allen Seiten weg und hatte bald genug Platz zum Umdrehen.

Dann drehte sie sich auch mehrere Male um, wie ein Hund, der sich sein Lager zurechttritt, bis es ihm bequem genug ist. Dabei trat sie nicht nur den Schnee unter sich fest, sondern schuf sich auch eine gemütliche Kammer mit einem verhältnismäßig engen Eingang. Aus diesem Schneeunterschlupf schaute sie erst mit ernster Besitzermiene hinaus und legte sich dann mit einem Gefühl des Behagens und der Geborgenheit schlafen, wie sie es seit dem Verschwinden ihrer Freunde nicht mehr empfunden hatte.

Nachdem sie so allen Unbilden getrotzt und sich die Freiheit der Winterwildnis erobert hatte, war ihr Leben zwar anstrengend, aber keinesfalls mehr entbehrungsreich. Wenn sie an den Mauselöchern nur geduldig wartete, konnte sie sich genug zu fressen fangen; und in ihrem Schneebau schlief sie warm und sicher. Als die Oberfläche des Schnees nach kurzer Zeit hart geworden war, gewöhnten sich die Mäuse auch an, nachts herauszukommen und Feste darauf zu feiern. Auch die Eulen kamen wieder, und als die Katze einmal eine zu fangen versuchte, wurde sie heftig gezwackt und gekratzt, bevor sie begriff, dass es doch besser war, auf einen Angriff zu verzichten. Nach der Erfahrung kam sie jedenfalls zu dem Schluss, dass man Eulen tunlichst in Ruhe ließ. Trotz alledem fand sie draußen auf den kahlen, endlos weiten Schneeflächen gute Jagdgründe.

Nun, da sie Herrin der Situation war, verstrich der Winter ohne weitere ernsthafte Plagen. Nur noch einmal Ende Januar bereitete ihr das Schicksal eine schlimme Viertelstunde. Mit einem besonders bitteren Kälteeinbruch kam eines Nachts eine riesige weiße Eule aus den arktischen Einöden auf die Insel. Die Katze sichtete sie, als sie auf Beobachtungsposten in der Verandaecke saß. Ein Blick genügte, um zu wissen, dass es sich hier um eine ganz andere Besucherin handelte als bei den braunen Kap-Ohreulen. Unauffällig schlüpfte die Katze in ihren Bau und hielt sich diskret außer Sichtweite, bis die große weiße Eule etwa vierundzwanzig Stunden später wieder abzog.

Als mit dem nächtlichen schrillen Chor der singenden Frösche in den seichten, schilfbewachsenen Tümpeln und den vielen im jungen Gras nistenden Vögeln der Frühling wiederkam, wurde das Leben der Gefangenen beinahe luxuriös, weil es so viel und leichte Beute gab. Allerdings war sie wieder obdachlos, denn ihr gemütlicher Bau war mit dem Schnee verschwunden. Doch das machte ihr nicht viel aus, denn das Wetter wurde mit jedem Tag wärmer und ruhiger, und darüber hinaus hatte sie, auf ihre Instinkte zurückgeworfen, gelernt, so zufrieden wie ein Vagabund zu sein. Trotz der vielen Dinge, die sie gelernt und an die sie sich angepasst hatte, hatte sie andererseits nichts vergessen. Als eines Junitages ein volles Boot vom Festland kam und Kinderstimmen laut über die Grasspitzen klangen und die trostlose Stille der Insel durchbrachen, hörte die Katze es im Schlaf auf der Verandatreppe und sprang sofort auf.

Eine Sekunde lang lauschte sie angestrengt. Dann rannte sie fast wie ein Hund, und wie es nur wenige ihrer hochnäsigen Stammesgenossinnen getan hätten, zum Landeplatz – wo vier glückliche Kinder sie sofort auf den Arm nahmen und ihr das feine Fell so zerzausten, dass es sie eine Stunde penibelster Toilette kostete, es wieder in Ordnung zu bringen.

Émile Zola

Das Paradies der Katzen

E ine Tante hat mir einen Angorakater vermacht, der
wirklich das bornierteste Tier ist, das ich kenne. Was
hier folgt, hat mir mein Kater an einem Winterabend am
Kamin erzählt.

I

Ich war damals zwei Jahre alt und war bestimmt der fetteste und einfältigste Kater, den man sich denken kann.
In jenem zarten Alter war ich noch so überheblich, dass
ich das Behagen eines warmen Zuhauses verachtete. Dennoch musste ich der Vorsehung danken, dass sie mich bei
Ihrer Tante untergebracht hatte. Die brave Frau liebte
mich über alles. Ich hatte unten in einem Schrank ein
richtiges Schlafzimmer mit Federkissen und drei Decken.
Das Essen war ebenso gut wie das Lager; niemals Brot,
niemals Suppe, nur Fleisch, gutes saftiges Fleisch. Trotzdem hatte ich inmitten dieses Wohllebens nur den einen
Wunsch, nur den einen Traum, mich durch das halb ge-
öffnete Fenster davonzustehlen und auf die Dächer zu
flüchten. Die Liebkosungen fand ich fade. Mein weiches
Bett widerte mich an. Ich war so fett, dass ich mich vor

mir selbst ekelte. Und den ganzen Tag glücklich zu sein, langweilte mich maßlos.

Ich muss erwähnen, ich habe, als ich den Hals reckte, durch das Fenster das Dach gegenüber gesehen. An jenem Tage balgten sich dort vier Katzen mit gesträubtem Fell und hochstehendem Schwanz, wälzten sich in der Sonne auf den blauen Schiefern und stießen dabei Freudenschreie aus. Noch nie hatte ich ein so ungewöhnliches Schauspiel gesehen. Von da an stand eins für mich fest: Das wahre Glück war auf jenem Dach hinter dem Fenster, das man so sorgfältig schloss. Dass es so sein musste, bewies, dass man auch die Türen der Schränke verschloss, hinter denen das Fleisch versteckt war.

Ich gab meinen Fluchtplan nicht auf. Es musste im Leben noch etwas anderes geben als saftiges Fleisch. Dort war das Unbekannte, das Ideal. Eines Tages vergaß man, das Küchenfenster zu schließen. Ich sprang auf ein kleines Dach, das sich darunter befand.

2

Wie schön die Dächer waren! Breite Traufen säumten sie, aus denen köstliche Gerüche kamen. Mit einem Gefühl der Wollust lief ich durch diese Traufen. Meine Pfoten versanken in einem weichen Schmutz, der sehr feucht war und unendlich wohltat. Es war mir, als ginge ich auf Samt, und in der Sonne war es wunderbar warm. Eine Wärme, die mein Fett schmelzen ließ.

Ich will Ihnen nicht verhehlen, dass ich am ganzen Leibe zitterte. In meine Freude mischte sich Entsetzen.

Ich erinnere mich vor allem an ein furchtbares Gefühl, das mich fast auf das Pflaster hinunterstürzen ließ. Drei Kater, die sich auf dem Giebel eines Hauses wälzten, kamen mit grässlichem Miauen auf mich zu. Und als ich fast ohnmächtig wurde, sagten sie, ich sei dumm, sie miauten nur zum Spaß. Woraufhin ich mit ihnen zu miauen begann. Es war entzückend. Die Spaßvögel waren nicht fett wie ich. Sie machten sich über mich lustig, als ich wie eine Kugel über die in der Sonne schmorenden Zinkplatten rollte. Ihr Anführer, ein alter Kater, befreundete sich besonders mit mir. Er erbot sich, mich zu unterweisen, was ich dankbar annahm.

Ach, wie weit weg war die behagliche Atmosphäre bei Ihrer Tante! Ich trank aus den Dachrinnen, und nie hat mir gezuckerte Milch so süß geschmeckt! Alles erschien mir gut und schön. Eine Katze kam vorüber. Eine bezaubernde Katze, deren Anblick ein ganz neues Gefühl in mir weckte. Nur in meinen einsamen Träumen hatte ich bis dahin jene herrlichen Geschöpfe gesehen, deren Rücken so wunderbar geschmeidig ist. Wir, meine drei Gefährten und ich, eilten auf sie zu. Ich war schneller als die anderen und war gerade dabei, der reizenden Katze Schmeichelhaftes zu sagen, als einer meiner Kameraden mich grausam in den Hals biss. Ich stieß einen Schmerzensschrei aus.

»Bah«, sagte der alte Kater, mich mit sich ziehend, »Sie werden noch viele ihresgleichen sehen.«

Nach einem einstündigen Spaziergang verspürte ich einen Riesenappetit. »Was isst man auf den Dächern?«, fragte ich meinen Freund, den Kater.

»Was man findet«, erwiderte er weise.

Diese Antwort verwirrte mich, denn soviel ich auch suchte, ich fand nichts. Schließlich bemerkte ich in einer Mansarde eine junge Arbeiterin, die ihr Mittagessen bereitete. Auf dem Tisch unter dem Fenster lag ein schönes, appetitliches rotes Kotelett.

Das wäre was für mich, dachte ich äußerst naiv. Und ich sprang auf den Tisch und ergriff das Kotelett. Aber die Arbeiterin, die mich gesehen hatte, versetzte mir einen scheußlichen Schlag mit dem Besenstiel auf den Rücken. Ich ließ das Fleisch fallen und flüchtete laut fluchend.

»Sie sind wohl von gestern«, sagte der Kater zu mir. »Das Fleisch, das auf Tischen liegt, darf man nur von fern begehren. In den Regenrinnen muss man suchen.«

Nie habe ich begreifen können, dass das Fleisch in den Küchen nicht den Katzen gehört. Mein Bauch begann ernstlich wütend zu werden. Der Kater machte mich noch völlig verzweifelt mit der Bemerkung, man müsse abwarten, bis es Nacht sei. Wir würden dann auf die Straße hinuntergehen und in den Müllhaufen wühlen. Abwarten, bis es Nacht sei! Er sagte das mit der Ruhe eines abgebrühten Philosophen. Mir wurde schon allein bei dem Gedanken an dieses noch lange währende Fasten schwach.

4

Die Nacht kam langsam, eine neblige Nacht, in der ich Stein und Bein fror. Bald begann es zu regnen, ein feiner, durchdringender, von Windstößen gepeitschter Regen. Wir gingen die Treppe hinunter und durch eine Glastür hinaus. Wie hässlich mir die Straße vorkam! Nichts mehr von der wohligen Wärme, der strahlenden Sonne, den im Lichte gleißenden Dächern, auf denen man sich so köstlich sielen konnte. Meine Pfoten rutschten auf dem glitschigen Pflaster. Voller Bitterkeit dachte ich an meine drei Decken und mein Federkissen zurück.

Kaum waren wir auf der Straße, da begann mein Freund, der Kater, zu zittern. Er machte sich klein, ganz klein, schlich an den Häusern entlang und sagte mir, ich solle ihm schnellstens folgen. Als er an eine Toreinfahrt kam, verschwand er hastig darin, wobei er befriedigt schnurrte. Auf meine Frage, warum er sich dort hinein geflüchtet habe, antwortete er:

»Haben Sie denn nicht den Mann mit der Kiepe und dem Eisenhaken gesehen?«

»Doch.«

»Nun, wenn er uns bemerkt hätte, hätte er uns erschlagen, am Spieß gebraten und verzehrt!«

»Am Spieß gebraten und verzehrt!«, rief ich. »Aber gehört denn die Straße nicht uns? Man findet nichts zu fressen und wird gefressen!«

Inzwischen hatte man die Mülleimer vor den Türen ent-
leert. Ich suchte verzweifelt in den Haufen, fand zwei
oder drei magere Knochen, die in der Asche gelegen hatten. Da wurde mir klar, wie wundervoll eine frische Lunge
schmeckt. Mein Freund, der Kater, durchsuchte behende
die Müllhaufen. Bis zum Morgen musste ich mit ihm he-
rumlaufen; er ließ keine Straße aus und beeilte sich nicht
im Geringsten. Fast zehn Stunden lang wurde ich vom
Regen klatschnass, und mich fror zum Erbarmen. Verfluchte Straße, verfluchte Freiheit! Ach, wie sehnte ich
mich nach meinem Gefängnis zurück!

Als es Tag geworden war, fragte der Kater, der mich
schwanken sah, mit seltsamer Miene:

»Haben Sie genug?«

»Ja! Ja!«, antwortete ich.

»Wollen Sie nach Hause zurück?«

»Natürlich. Aber wie soll ich das Haus wiederfinden?«

»Kommen Sie. Als ich Sie heute Morgen herauskommen sah, wusste ich sofort, dass ein fetter Kater wie Sie
für die bitteren Freuden der Freiheit nicht geschaffen ist.
Ich weiß, wo Sie wohnen, und werde Sie dorthin bringen.«

Er sagte das ganz selbstverständlich, mein würdevoller
Lehrer. Als wir am Ziel waren, verabschiedete er sich von
mir kühl und sachlich.

»Nein«, rief ich. »So werden wir uns nicht trennen. Sie
kommen mit mir mit. Wir werden Bett und Fleisch teilen. Meine Herrin ist eine brave Frau …«

Er ließ mich nicht ausreden.

»Schweigen Sie«, sagte er grob. »Sie sind ein Narr. Ich würde in Ihrer verweichlichten Welt umkommen. Ihr üppiges Leben ist gut für Katzen wie Sie. Die freien Katzen würden nie für Ihr Wohlleben und Ihr Federkissen in Gefangenschaft gehen ... Leben Sie wohl.«

Und er kehrte auf seine Dächer zurück. Ich sah in der aufgehenden Sonne seine schlanke Gestalt vor Behagen zittern.

Als ich nach Hause kam, ergriff Ihre Tante die Klopfpeitsche und verabfolgte mir eine Tracht Prügel, die ich mit großer Freude empfing. Nur allzu sehr genoss ich das wollüstige Gefühl, es warm zu haben und verprügelt zu werden. Während sie mich schlug, dachte ich voller Wonne an das Fleisch, das sie mir danach geben würde.

6

»Wissen Sie«, schloss mein Kater – sich vor der Glut in meinem Kamin streckend –, »das wirkliche Glück, das Paradies, mein lieber Herr, ist es, in einem Zimmer, in dem Fleisch liegt, eingesperrt und verprügelt zu werden.

Das gilt für alle Katzen.«

Mark Twain

Dick Bakers Katze

Einer meiner Kameraden dort – ein weiteres Opfer jener achtzehn Jahre unbelohnter Mühsal und enttäuschter Hoffnungen – war eine der sanftesten Seelen, die je geduldig ihr Kreuz in einer abweisenden Fremde getragen haben: der bedächtige und schlichte Dick Baker, seines Zeichens Goldgräber in der Dead Horse-Schlucht. Er war sechsundvierzig, grau wie eine Ratte, ernst, nachdenklich, wenig gebildet, nachlässig gekleidet und lehmverschmiert, aber sein Herz bestand aus edlerem Metall als alles Gold, das seine Schaufel je zutage förderte – ja, als alles Gold, das je geschürft oder geschlagen wurde.

Immer wenn er vom Pech verfolgt oder trübsinnig war, verfiel er darauf, den Verlust einer wunderbaren Katze zu beklagen, die ihm gehört hatte (in Ermangelung von Frauen und Kindern nehmen sich Männer von weichem Gemüt Haustiere, denn irgendetwas müssen sie lieben). Und über die seltsame Klugheit dieser Katze sprach er stets mit der Miene eines Mannes, der im Innersten seines Herzens überzeugt war, dass ihr etwas Menschliches innewohnte – vielleicht sogar etwas Übernatürliches.

Ich hörte ihn einmal von diesem Tier reden. Er sagte: »Meine Herrn, ich hatte hier mal eine Katze, einen Kater namens Tom Quarz, über den hätten Sie bestimmt gestaunt – wie fast jeder hier. Acht Jahre hatte ich ihn – und er war der ungewöhnlichste Kater, der mir je untergekommen ist. Er war ein großer Grauer, so ein Getigerter, und er hatte mehr gesunden Menschenverstand als jeder Mann in diesem Camp – und gewaltig viel Würde – dem hätte nicht mal der Gouverneur von Kalifornien zu nahe treten dürfen. Eine Ratte hat er in seinem ganzen Leben nicht gefangen – dafür war er sich zu fein. Der hatte immer nur die Goldgräberei im Sinn. Dieser Kater wusste mehr darüber als jeder Mann, der mir je begegnet ist. Dem konnte keiner was über Freigold erzählen – und das Graben nach Waschgold, dafür war er wie geboren. Er machte sich mit Jim und mir auf den Weg, wenn wir in die Berge gingen, Lagerstätten suchen, und er trottete immer hinter uns her, bis zu fünf Meilen, wenn wir so weit marschierten. Und er hatte den besten Sachverstand für Schürfstellen – so was haben Sie noch nicht gesehen. Wenn wir uns an die Arbeit machten, hat er nur einen Blick in die Runde geworfen, und wenn er von den Anzeichen nicht viel hielt, hat er uns angesehen, als wollte er sagen: ›Ihr werdet mich schon entschuldigen müssen‹ – und ohne ein weiteres Wort hat er die Nase in die Luft gereckt und hat kehrtgemacht, ab nach Hause. Aber wenn ihm die Gegend passte, hat er sich hingelegt und das Maul gehalten, bis die erste Schüssel verwaschen war, und dann kam er angeschlendert und hat einen Blick drauf geworfen, und wenn da sechs oder sieben Goldkörnchen drin lagen, war er zufrieden – bessre Schürfproben brauchte er nicht – und legte sich auf unsre Mäntel und schnarchte wie'n Dampfer, bis wir die Goldlinse gefunden hatten, dann stand er auf und übernahm die Aufsicht. Und der war'n Aufseher mit Augen wie'n Luchs.

Na, und dann kam der Wirbel um das Berggold in den Quarzgängen. Alle stürzten sich drauf – alle waren nur noch am Hacken und Sprengen, statt auf dem Hang Erde zu schippen – alle bohrten Schächte, statt an der Oberfläche rumzukratzen. Und Jim wollte unbedingt, dass wir uns auch über den Fels hermachten, also taten wir's. Wir fingen damit an, einen Schacht abzuteufen, und Tom Quarz, der wunderte sich nur noch, was zum Teufel wir da trieben. So'ne Art, nach Gold zu graben, hatte er noch nie gesehen, und das brachte ihn völlig durcheinander, kann man so sagen – er kapierte das einfach nicht – es war ihm einfach zu hoch. Er war dagegen, können Sie mir glauben – er war völlig dagegen – hielt das für den allergrößten Blödsinn. Dieser Kater, der hatte was gegen neumodisches Zeugs – konnte das nie ausstehen. Sie wissen ja, wie das mit alten Gewohnheiten ist. Aber nach und nach hat sich Tom Quarz ein bisschen damit angefreundet, obwohl er nie ganz dahinterstieg, was das sollte, dieses ewige Abteufen und nie was Verwaschen. Endlich kam er dann selbst in den Schacht runter, wollte sich einen Reim drauf machen. Und wenn er schlechte Laune hatte und Trübsal blies und verbiestert und grantig war – denn er wusste ganz genau, dass sich die ganze Zeit über die Schulden türmten und wir keinen Cent verdienten –, rollte er sich auf einem Jutesack in der Ecke zusammen und schlief. Na, und eines Tages, als der Schacht so etwa zweieinhalb Meter tief war, wurde das Gestein so hart, dass wir eine Sprengladung anbringen mussten – unsere erste Sprengung, seit Tom Quarz auf der Welt war. Also wir steckten die Zündschnur an, kletterten raus und rannten fünfzig Meter weit weg – und haben Tom Quarz total vergessen und auf seinem Jutesack weiterschlafen lassen. Eine Minute später sahen wir 'n Rauchwölkchen aus dem Loch aufsteigen, und dann zerbarst alles mit einem Riesenknall, und ungefähr viertausend Tonnen Felsbrocken und Erde und Rauch und Splitter schossen gut anderthalb Meilen hoch in die Luft, und Gottverdammich, direkt mittendrin steckte der alte Tom Quarz und überkugelte sich, er prustete und nieste und krallte um sich wie vom Teufel besessen, aber das half ihm nicht, das half ihm kein Stück. Und dann war nichts mehr von ihm zu sehen, ungefähr zweieinhalb Minuten lang, und plötzlich hagelte es Schutt und Trümmer, und pardauz, da ist er ungefähr drei Meter von uns weg gelandet. Ich denke mal, ein so übel zugerichtetes Tier hat noch keiner von Ihnen zu Gesicht bekommen. Ein Ohr halb ab und der Schwanz verbrannt und die Schnurrhaare abgesengt, kohlschwarz vom Ruß und von vorn bis hinten voller Dreck. Es hatte wohl nicht viel Sinn, sich bei ihm zu entschuldigen – wir brachten jedenfalls kein Wort heraus. Er betrachtete sich angewidert, und dann sah er uns an – und es war genau so, als hätte er gesagt: ›Meine Herrn, vielleicht findet *ihr* es schlau, eine Katze reinzulegen, die noch keinerlei Erfahrung mit Sprengungen hat, aber *ich* denke da anders drüber‹, und dann machte er auf dem Absatz kehrt und marschierte ohne ein weiteres Wort nach Hause.

Das war eben sein Stil. Und vielleicht glauben Sie mir nicht, aber danach gab es nirgendwo eine Katze, die so voreingenommen gegen das Berggold war wie der. Doch nach einer Weile, als er dann wieder in den Schacht runterkam, hätten Sie über seine Klugheit gestaunt. Sobald wir eine Sprengladung scharf machten und die Zündschnur zu pritzeln anfing, warf er uns einen Blick zu, wie um zu sagen: ›*Mich* werdet ihr entschuldigen müssen‹, und es war verblüffend, wie schnell er aus dem Loch verschwunden und auf einen Baum geklettert war. Klugheit? Weit mehr als das. Das war Hellsichtigkeit!«

Ich sagte: »Nun, Mr. Baker, seine Voreingenommenheit gegen das Berggold war in der Tat bemerkenswert, wenn man bedenkt, wie es dazu kam. Konnten Sie ihn je davon heilen?«

»Den heilen? Ach iwo! Wenn Tom Quarz sich erst mal was in den Kopf gesetzt hatte, dann für immer – den hätte man noch dreitausendmal in die Luft sprengen können und es trotzdem nicht geschafft, ihm das auszutreiben, sein verdammtes Vorurteil gegen das Berggold.«

Erich Kästner

Meine Katzen

Da sitz ich nun, mit gespitztem Bleistift und blüten-weißem Papier ausgerüstet, am Tisch in der frisch-gemähten Wiese hinterm Haus und will über Katzen schreiben. Nicht über die Götterkatzen und Katzengöt-ter der Pharaonen. Nicht über die halbverwilderten und halbverhungerten Katzen in den Winkeln Venedigs oder über die im Reiseführer als römische Sehenswürdigkeit vermerkten Katzen des Pantheons. Nicht über Pickles, die diensttuende Katze im Tower zu London. Nicht über den Kater namens Tiger, der nachts die Rotations-maschinen der Times beaufsichtigt. Nicht einmal über die schwarze Katze des Savoy Hotels, die, mit einer Serviette um den Hals, auf einem Stuhl neben Jimmy Edwards sitzen muss, falls er sonst bei Tisch der drei-zehnte wäre.

Ich will nur über die vier Katzen schreiben, die seit Jahren mit uns leben. Denn nur über sie weiß ich ein wenig Bescheid. Ein klein wenig Bescheid. Ich bin ja kein Tierpsychologe, kein Verhaltensforscher und kein Vete-rinärarzt, sondern ein simpler »Katzenhalter«. Das Wort stammt nicht von mir, sondern aus Druckerzeugnissen sonst untadeliger Tierschutzvereine. Nun gibt es also außer Federhaltern und Büstenhaltern auch Katzenhalter, und ein solcher bin ich, ob mir das Wort gefällt oder nicht.

Während ich die ersten Sätze auf dem Papier überfliege, spür ich plötzlich, dass ich nicht mehr allein bin. Die vier Katzen, die zu halten und über die zu schreiben ich die Ehre und das Vergnügen habe, sind aufgetaucht. Sie kommen, wenn wir schreiben, überhaupt gerne in unsere Nähe. Das Thema ist ihnen gleichgültig. Dass sie diesmal selber an der Reihe sind, interessiert sie nicht weiter. Es geht ihnen ums Prinzipielle. Es tut ihnen wohl, wenn andere Leute arbeiten. Dann genießen sie ihr eigenes Nichtstun doppelt und dreifach. Vielleicht ist auch Mitleid im Spiele. Vielleicht denken sie: »Da rackert er sich nun ab, damit er für uns frisches Schabefleisch kaufen kann!«

Wie dem auch sein mag – die vier sind lautlos und »ganz zufällig« eingetroffen. Lollo, persisch-blau mit goldenen Augen, eine Prinzessin im Pelz, hockt auf dem vierten Betonpfosten des Lattenzauns zur Linken und starrt angelegentlich ins Gemüsebeet. Sie bezeugt ihre Aufmerksamkeit, indem sie von mir wegschaut. Das ist so ihre Art. Sie hat einen ausgeprägten Sinn fürs Kapriziöse. Es wäre aber auch möglich, dass sie mich nicht von der Arbeit ablenken will. Denn sie hat ein Stiefmütterchengesicht, vor dem man rettungslos dahinschmilzt, und sie weiß es. Vielleicht will sie also nur verhüten, dass mich mein Schönheitssinn überwältigt. Gesenkten Kopfes mustert sie die Möhren und den Sellerie. Schreiben soll ich, nicht bewundern.

Anna, die Jüngste und Kleinste, schwarz und weiß, mit rosafarbener Nasenspitze, hat wohl im Schatten der

Fliederbüsche oder unter der Blautanne geschlafen. Jetzt sitzt sie, hast du nicht gesehen, am Bach und zählt die Forellen. Obwohl sie längst weiß, dass es nur zwei sind. Oder sie forscht nach der winzigen Ringelnatter, die sie gestern, stolz und unter spitzen Triumphschreien, apportierte. Es sah aus, als hielte sie zwei bis drei Paar schwarze Schnürsenkel zwischen den Zähnen, und die Nase glühte vor Eifer kirschenrot. Da sich die winzige Schlange totstellte, ließ Annas Interesse sehr bald nach. Was sich nicht bewegt, interessiert Katzen nicht. (Wenn das die Mäuse wüssten!) Ich trug die Ringelnatter, die das Abenteuer heil überstanden hatte, zum Wasser zurück, und schon schlängelte sie sich davon.

»Anna!«, ruf ich im Flüsterton. Sie blickt flüchtig herüber, wendet sich wieder ab und maniküurt die linke Vorderpfote. Es sieht aus, als lache sie sich leise ins Fäustchen. Dass sie Lollos Tochter ist, glaubt nur, wer es weiß. Viel eher ähnelt sie nach Aussehen und Temperament dem Papa, einem durchaus unpersischen bunten Kater aus der Umgebung, den wir den »Pennäler« nannten und der sich nach der hitzigen Wiesenhochzeit mit Lollo nie wieder sehen ließ. Anna hat wie er kurze gekrümmte Fußballerbeine, klettert gern auf Bäume, beherrscht die viel schwierigere Kunst des Herunterkletterns meisterhaft, hält das Hausdach für ein an schönen Abenden erstrebenswertes Ausflugslokal, wird oft, aus Versehen, in Schränken eingeschlossen und hat auch sonst nichts Orientalisches oder gar Fürstliches an sich. Bis auf die Augen! Die geheimnisvoll goldenen Augen hat sie von der Mutter. Sie schauen aus dem schwarzweißroten lustigen Gesicht heraus, als säße in unserer Anna eine zweite, eine fremde und ganz andere Katze drinnen. »Anna!«, ruf ich noch einmal. Doch jetzt treibt sie Gymnastik, steckt ein Hinterbein kunstvoll hinter den Kopf, wäscht sich das weiße Frackhemd und hat keine Sprechstunde.

»… und hat keine Sprechstunde«, schreib ich eben, da streicht unterm Tisch eine große Katze an meinen Beinen entlang. Man könnte noch besser sagen, sie streichle sich entlang. Bevor sie weiterwandert, wartet sie gurrend, dass ich ihr einen zärtlichen Klaps gebe. Das gehört zum Zeremoniell. Sie kriegt ihren Klaps. Dann kommt sie unterm Tisch hervor und schlendert, angoraschwarz mit grünen Augen, in den noch ungemähten Teil der Wiese, wo sich, hinter hohen Halmen, Hahnenfuß und rotem Klee, ein von ihr geschätztes schattiges Grasbett befindet. Eine Höhle mit dem blauen Himmel als fernem Dach. Ein luftiges Ruhelager für die Siesta einer älteren Dame. Die Schwarze heißt Pola und lebt mit uns schon so lange zusammen, dass wir uns scheuen, ihr die Jahre nachzurechnen, die sie hinter sich und, der Wahrscheinlichkeit nach, noch vor sich hat. Wenn sie die Stiege im Haus herunterkommt, klingt es mitunter, als habe sie ein Holzbein. Wenn sie, im Luftsprung, Kohlweißlinge erlegt, wenn sie Mäuse abliefert oder gar, wenn sie sich, abends im Wohnzimmer, scheinbar längst vergessener Spiele aus ihrer Kinderzeit erinnert und sie uns und den drei jüngeren und staunenden Katzen vorspielt, dann ist sie nicht die älteste, sondern die jüngste der vier. Ihre Autorität wird trotzdem von den drei anderen nicht eine Sekunde angezweifelt. Anciennität und Rang sind in dem Quartett ein und dasselbe. Wer, gleichzeitig mit ihr, in die Küche einbiegt und fressen will, weiß, dass er vor den vier Tellern zu warten hat, bis sich Pola zu einem der Gerichte entschließt, »Mahlzeit!« sagt und zu fressen beginnt. Am leichtesten fällt den dreien der eingeborene Gehorsam, wenn auf einem der Teller grüne Bohnen serviert sind, Haricots verts, etwas für Feinschmecker. Grüne Bohnen sind ausschließlich Polas Spezialität.

Die einzige Katze, die, selten genug und auch dann nur für Augenblicke, Tradition und Respekt vergisst, ist unser einziger Kater. Er wiegt 15 Pfund, trägt wie Lollo einen blauschwarzen Pelz, heißt Butschi und ist Polas Sohn! Sein Vater war ein berühmter Perser, lebte in einem Zwinger am Starnberger See, empfing viel Damenbesuch und wurde eines Tages gekidnappt. Seitdem hat man nichts mehr von ihm gehört. Butschi seinerseits fiel einmal, als er noch ein sehr kleiner Junge war und niemand es sah, von unserem Schwabinger Balkon, verkroch sich unauffindbar unter einem Schuppen, litt ohne Laut und wurde von uns erst nach zwei Tagen und Nächten eifrigsten Suchens entdeckt. Da brüllte er vor Schmerzen wie ein Löwe. Er wurde wieder gesund. Er wuchs und wurde ein Riese. Aber ein Riese mit menschlichen Zügen, mit Anfällen von Zweifel an der ihm verliehenen Kraft und Größe. Nur manchmal besinnt er sich, fast abrupt, auf das Thema »Geschlecht und Charakter«, verteilt Ohrfeigen, faucht sogar Pola, seine Mutter, an und rebelliert gegen das Matriarchat. Butschis Putschversuche währen nicht lange. Die verwunderten Blicke, mit denen ihn die drei Katzen betrachten, irritieren und ernüchtern ihn. Manchmal läuft seine Mutter vor ihm davon und verkriecht sich. Ihre Angst ist pure Ironie. Das spürt er.

Und dann fügt er sich wieder in sein Schicksal. Und wird der sanfte Riese, der er ist.

Eben hat er sich vom kühlen Gurkenbeet hochgeräkelt, passiert den schmalen Trampelpfad zwischen den hohen Büschen aus Esche und Faulbaum und bleibt vorm Tisch sitzen. Er schaut mich an und wartet auf ein Wort. Er wartet aufs Stichwort. »Na, mein Dicker!«, sag ich, und schon sitzt er auf dem Tisch zwischen den Papieren, miaut und schnippt den Bleistift von der Tischplatte. Seine stille Leidenschaft für Schriftstellerei geht weit über das auch von anderen Katzen bezeugte Interesse hinaus. Deswegen nennen wir ihn auch »Sekretär«, manchmal sogar »Generalsekretär«, und er hört darauf wie auf seinen Rufnamen. Ich streichle ihn, während ich den Bleistift aufhebe. Und er stößt den Kopf in meine Handfläche. Er »gibt Köpfchen«, wie das neulich jemand genannt hat. Danach springt er vom Tisch und jagt Anna, über die Bachplanke hinweg, im Zickzack, Kapriolen schlagend und sich mit ihr überkugelnd, ins Haus. Zum zweiten Frühstück. Ich betrachte mein Manuskript. Die erste Seite hat Schaden genommen. Butschi, der Sekretär mit den gelben Augen und dem menschlichen Blick, hat Fingerabdrücke hinterlassen. Das Wort »Katzenhalter« ist noch lesbar.

Wenn mich neugierige Leute so ganz obenhin fragen, warum ich Katzen gern hätte, pflege ich zu antworten: »Weil sie nicht bellen!« Dann lächeln die neugierigen Leute mühsam, süßsauer und wechseln, wie die Erfahrung gezeigt hat, das Thema. Sie vermuten, ich wolle mit ihnen eher und lieber über abstrakte Kunst oder elektrische Rasierapparate reden als über Katzen. Damit haben

sie recht. Oder sie halten meine Bemerkung für einen un-
freiwillig schlechten Witz. Und damit haben sie unrecht.

Der Hund ist selbstverständlich ein ebenso liebens-
wertes Geschöpf wie die Katze. Wenn ich aber, statt mit
vier Katzen, mit vier Hunden zusammenleben sollte, gäbe
ich, spätestens am dritten Tage, dem Hund vom Dienst
das für mehrere Monate nötige Verpflegungsgeld und
zöge spornstreichs ins Hotel. Die Welt ist ohnehin so
laut, so hastig und immerzu außer Atem. Sie dröhnt wie
eine Maschinenhalle. Sie hämmert auf unser Trommelfell,
als nahe das Jüngste Gericht wie ein Zirkus mit tausend
Kapellen. Wo sonst, wenn nicht zu Hause, sollte man
aufatmen und Atem holen? Wo sonst könnte man »mit
der Seele baumeln«, wie Tucholsky das genannt hat? Es
gibt freilich heute schon Hunde, die nur noch bellen,
wenn man vorher ein schriftliches Gesuch eingereicht
hat. Und nächstens wird man Hunde züchten, die nicht
nur, was es ja bereits gibt, wie Schafe aussehen, sondern
auch »Mäh« und »Bäh« sagen. Das wären keine Hunde
mehr, sondern Nürnberger Spielzeug, das sich von selber
aufzieht. Es gehört zum Hund, dass er den Herrn, der
von der Reise heimkommt, mit Freudengebell empfängt,
ihn umtanzt, anspringt und, wenn möglich, umwirft.
Nun, wenn ich mit dem Koffer ins Haus trete, kommen
die Katzen treppab, schauen mich kurz an und gehen mir,
mindestens zehn Minuten lang, ostentativ aus dem Wege.
Da ist kein »Herr« heimgekehrt, dem man die Hand küsst,
sondern der Freund, der sie gekränkt hat. Das muss man
ihm heimzahlen. Da muss man die Wiedersehensfreude
verbergen, wenn auch nur für zehn Minuten. Dann erst
kommt man en passant zurück, hilft beim Kofferaus-

packen und blickt dem geliebten Halunken ins Gesicht. Ernst und fragend. Und schweigsam. Den rabiaten Jubel und den Derwischtanz der Hunde verstehe ich wie die stummen Vorwürfe der Katzen. Doch diese Vorwürfe und das Wiedersehensglück, das noch nach Schmerz schmeckt, eh er in der Freude dahinschmilzt, das alles kann ich besser nachfühlen. Mein Verstand könnte schwanken. Meinem Gefühl bleibt keine Wahl. Sympathie ist Wahlverwandtschaft.

Alle beide, der Hund und die Katze, sind reich an Tugenden und Talenten, doch der Hund hat ein Talent zu viel: Er lässt sich dressieren. Und er hat eine Tugend zu wenig: Er ist ein Tier ohne Geheimnisse. Manchmal glaub ich fast, am liebsten wäre er ein vierbeiniger Mensch, uns möglichst ähnlich, nur schneller. Die Katze springt nicht durch Reifen und denkt nicht im Traum daran, uns zu Gefallen auf den Hinterbeinen herumzustelzen. Dergleichen ginge gegen ihre Würde, gegen ihren guten Geschmack und gegen ihre schönste Passion, den Freiheitsdrang. Zwang macht sie rasend. Zwang macht sie krank.

Manche Leute folgern aus der Undressierbarkeit der Katze, dass sie weniger intelligent sei als der Hund. Damit geben sie eine Kostprobe von ihrer eigenen Intelligenz. Sie schlafen mit offenen Augen, und wir wollen sie nicht wecken.

Die Katze ist ein geheimnisvolles Tier. Nur für uns? Oder ist sie sich zuweilen selbst ein Rätsel? Der englische Schriftsteller T. S. Eliot, ein Nobelpreisträger und Katzenhalter, hat sich ernsthaft, und das heißt humorvoll, mit dieser Frage beschäftigt. In dem Gedichtband *Old Possum's Book of Practical Cats*, der in der Bibliothek Suhrkamp deutsch erschienen ist. Eines der Gedichte hab ich übersetzt. Eliot sinnt darüber nach, worüber wohl die Katzen nachsinnen, wenn sie »in profund meditation« vor sich hin starren. Das Gedicht gehört, finde ich, hierher:

Wie heißen die Katzen?, gehört zu den kniffligsten
    Fragen,
Und nicht die der Rätselecke für jumperstrickende
    Damen.
Ich darf Ihnen, ganz im Vertrauen, sagen:
Eine jede Katze hat drei verschiedene Namen.
Zunächst den Namen für Hausgebrauch und Familie,
Wie Paul oder Moritz (in ungefähr diesem Rahmen),
Oder Max oder Peter oder auch Petersilie –
Kurz, lauter vernünft'ge, alltägliche Namen.
Oder, hübscher noch, Murr oder Fangemaus
Oder auch, nach den Mustern aus klassischen Dramen:
Iphigenie, Orest oder Menelaus –
Also immer noch ziemlich vernünft'ge,
    alltägliche Namen.
Doch nun zu dem nächsten Namen, dem zweiten:
Den muss man besonders und anders entwickeln.
Sonst könnten die Katzen nicht königlich schreiten
Noch gar mit erhobenem Schwanz perpendikeln.
Zu solchen Namen zählt beispielsweise
Schnurroaster, Tatzitus, Katzastrophal,
Kralline, Nick Kater und Kratzeleise –
Und jeden der Namen gibt's nur einmal.
Doch schließlich hat jede noch einen dritten!
Ihn kennt nur die Katze und gibt ihn nicht preis.

Da nützt kein Scharfsinn, da hilft kein Bitten.
Sie bleibt die Einzige, die ihn weiß.
Sooft sie versunken, versonnen und verträumt vor sich
    hin starrt, ihr Herren und Damen,
Hat's immer und immer den gleichen Grund:
Dann denkt sie und denkt sie an diesen Namen –
Den unaussprechlichen, unausgesprochenen,
Geheimnisvoll dritten Namen.

Der Kanarienvogel

Mein Herr,
dies ist die Geschichte einer Katze und eines Vogels. Zwei
junge Damen wohnten zusammen; die eine besaß einen
Kanarienvogel, mit dem sie spielte und den sie verwöhnte,
die andere eine wunderschöne Katze, die sie hegte und
pflegte und hätschelte und tätschelte. Sie waren eine glückliche, harmonische Familie. Da verreiste die Besitzerin
der Katze eine Zeitlang ins Ausland, und Mieze wurde
traurig und melancholisch und zuletzt eifersüchtig auf
den Vogel, der wie üblich jeden Tag gestreichelt wurde,
während man sie sehr vernachlässigte. Diese Behandlung
konnte und wollte sie nicht ertragen; ihre Eifersucht
wuchs mit jedem Tag, und endlich stürzte sie sich in
einem Wutanfall auf den kleinen Vogel und riss ihm sämtliche Gliedmaßen einzeln aus. Von Reue gepackt, flüchtete sie, doch die Besitzerin des Vogels war außer sich.
Sie schlug die Katze und trauerte um ihren gefiederten
Freund. Als die Herrin der Katze von der Katastrophe
erfuhr, vergoss sie bittere Tränen, doch nicht etwa um
den toten Vogel, sondern weil ihre Mieze geschlagen
worden war. Der Frieden dieser glücklichen Familie
schien eine Zeitlang zerstört. Doch Mieze fand man am
nächsten Tag, überwältigt von Reue über das begangene

Verbrechen, zusammengerollt schlafend in dem Käfig des kleinen Vogels. Das Problem, für dessen Lösung man Psychologen bräuchte, ist nun folgendes: Warum legte sich die Katze in den Käfig? Die einzige Erklärung, die sich den Beteiligten bietet, ist die, dass die Katze dachte, wenn sie sich dort hineinlegte, werde sie die Gunst der Herrin gewinnen, deren Glück sie so gnadenlos zerstört hatte, und wenn sie den Platz des Vogels einnähme, würde sie sich nach einer gewissen Zeit vielleicht selbst in einen kleinen gehätschelten Piepmatz verwandeln –

Ich verbleibe, meine Herren, etc. pp.

Leserbrief aus dem *Spectator,* Catalonia vom 19. Oktober 1895

Saki

Tobermory

E s war der kühle, regenverwaschene Nachmittag eines
der letzten Augusttage – in jener nichtssagenden Jahreszeit also, in der die Rebhühner sich noch in Sicherheit
oder in den Kühlhäusern befinden und es nichts zu jagen
gibt. Ohne Ausnahme hatten sich die Gäste von Lady
Blemleys Hausparty um den Tisch versammelt. Trotz der
Öde der Jahreszeit und der Alltäglichkeit dieses Ereig-
nisses deutete nichts auf jene schwelende Unruhe hin, die
gleichbedeutend ist mit der Furcht vor einem Klavier-
konzert oder einer beherrschten Sehnsucht nach einer
Partie Bridge. Die unverhüllte, durch nichts verborgene
Aufmerksamkeit der Anwesenden konzentrierte sich vielmehr auf die anspruchslose, unscheinbare Persönlichkeit
des Mr. Cornelius Appin. Von allen Gästen Lady Blemleys war er der Einzige, der in keinem festumrissenen
Ruf stand. Irgendjemand hatte einmal erwähnt, dass
Appin ›klug‹ sei, und so schickte man ihm eine Einladung
in der unausgesprochenen Erwartung – zumindest von-
seiten der Gastgeberin –, dass er wenigstens einen Teil
seiner Klugheit zu der allgemeinen Unterhaltung bei-
steuern würde. Bisher hatte Lady Blemley jedoch nicht
feststellen können, in welcher Richtung sich seine Klugheit – wenn überhaupt – bewegte. Weder war er witzig,

noch spielte er auffallend gut Krocket; weder verfügte er über hypnotische Fähigkeiten noch hatte er jemals eine Amateuraufführung inszeniert. Auch sein Äußeres deutete nicht auf einen jener Männer hin, denen die Frauen ein erhebliches Maß an mangelndem Geist nachsehen. Er war zu einem bloßen ›Mr. Appin‹ hinabgesunken, und ›Cornelius‹ schien nichts als eine durchsichtige Täuschung zu sein, die man bei seiner Taufe begangen hatte.

Jetzt aber behauptete er plötzlich, der Welt eine Entdeckung geschenkt zu haben, neben der die Erfindung des Schießpulvers, der Druckerpresse oder der Dampfmaschine belanglose Lappalien seien. Die Wissenschaft habe zwar im Verlauf der letzten Jahrzehnte atemberaubende Fortschritte auf allen Gebieten gemacht – seine Entdeckung schien jedoch eher auf dem Gebiet der Wunder als auf dem der Wissenschaft zu liegen.

»Und wir sollen Ihnen also glauben«, sagte Sir Wilfrid gerade, »dass Sie eine Möglichkeit gefunden haben, den Tieren die Kunst der menschlichen Sprache beizubringen, und dass sich der liebe alte Tobermory als Ihr erster erfolgreicher Schüler entpuppt hat?«

»Während der letzten siebzehn Jahre habe ich an diesem Problem gearbeitet«, sagte Mr. Appin. »Aber erst während der letzten acht oder neun Monate bin ich mit den Andeutungen eines Erfolges belohnt worden. Bis dahin hatte ich natürlich schon mit Tausenden von Tieren experimentiert – zuletzt jedoch ausschließlich mit Katzen, diesen wundervollen Geschöpfen, die sich in fantastischer Weise unserer Zivilisation angepasst haben, ohne dabei ihren hochentwickelten Raubtierinstinkt aufzugeben. Hin und wieder stößt man bei Katzen auf einen überragenden Intellekt – genauso wie bei der Masse der menschlichen Geschöpfe; und als ich vor einer Woche die Bekanntschaft Tobermorys machte, merkte ich sofort, dass ich einer ›Über-Katze‹ von ungewöhnlicher Intelligenz gegenüberstand. Bei meinen letzten Versuchen war ich dem Erfolg ein großes Stück nähergekommen; bei Tobermory – wie Sie ihn nennen – habe ich jedoch mein Ziel erreicht.«

Mr. Appin beschloss seine bemerkenswerten Ausführungen in dem spürbaren Bemühen, seinen Triumph nicht laut werden zu lassen. Keiner der Anwesenden murmelte »Unsinn«, obgleich Clovis' Lippen ein zweisilbiges Wort formten, das diesem nagenden Unglauben vermutlich entsprach.

»Damit wollen Sie also sagen, dass Tobermory jetzt in der Lage ist, zu sprechen und einfache Sätze aus einsilbigen Wörtern zu verstehen?«, meinte Miss Resker nach einer kurzen Stille.

»Meine liebe Miss Resker«, erwiderte der Wundermann geduldig, »in der von Ihnen erwähnten Form unterrichtet man kleine Kinder, Wilde und geistig zurückgebliebene Erwachsene. Wenn man jedoch erst einmal das Problem hat, bei einem Tier mit sehr hoch entwickelter Intelligenz den Anfang zu finden, braucht man diese ermüdende Methode nicht mehr. Tobermory ist in der Lage, unsere Sprache völlig korrekt zu sprechen.«

In diesem Augenblick sagte Clovis deutlich vernehmbar: »Wahnsinn!« Sir Wilfrid war zwar höflicher, jedoch nicht weniger skeptisch.

»Vielleicht ist es am besten, wir lassen Tobermory hereinholen und bilden uns dann selbst ein Urteil?«, schlug Lady Blemley vor.

Sir Wilfrid begab sich auf die Suche nach dem Tier, und die Übrigen lehnten sich bequem und in der anspruchslosen Erwartung zurück, Zeugen eines mehr oder weniger geschickten Bauchrednertricks zu werden.

Nur Sekunden später stand Sir Wilfrid wieder in der Tür: trotz der Bräune war sein Gesicht blass, und in den Augen spiegelte sich seine Aufregung wider. »Bei Gott – es ist wahr!«

Seine Erschütterung war echt, und seine Zuhörer waren auf einmal hellwach und blickten ihn gespannt an.

Sir Wilfrid ließ sich in einen Sessel fallen; das Erlebnis hatte ihm fast den Atem verschlagen. »Er war im Rauchzimmer und schlief. Ich rief ihm zu, er wolle zum Tee kommen. Wie üblich blinzelte er mich an, und ich sagte: ›Los, Toby – wir haben keine Lust zu warten!‹ Und bei Gott – mit einer entsetzlich natürlichen Stimme erwiderte er daraufhin, dass er käme, wenn es ihm passte! Mich hat es fast umgeworfen!«

Appin hatte vor völlig ungläubigen Zuschauern gepredigt; Sir Wilfrids Feststellung überzeugte jedoch sofort. Ein Durcheinander verwirrter, aufgeregter Stimmen erhob sich, in dem der Wissenschaftler schweigend in seinem Sessel saß und die ersten Früchte seiner erstaunlichen Entdeckung genoss.

Dann betrat Tobermory den Raum; auf seinen Samtpfoten schritt er mit betonter Gleichgültigkeit zu der Gruppe, die um den Teetisch saß.

Alle Anwesenden waren plötzlich verlegen und befangen; niemand wagte es, eine Hauskatze anzusprechen, deren geistige Fähigkeiten denen der Anwesenden ebenbürtig waren.

»Möchtest du etwas Milch haben?«, fragte Lady Blemley schließlich mit ziemlich aufgeregter Stimme.

»Meinetwegen«, lautete die Antwort, die in einem völlig gleichgültigen Ton gesprochen wurde. Ein Schauer unterdrückter Aufregung überlief die Zuhörer, und Lady Blemley goss die Milch mit bebender Hand in die kleine Schüssel. Aber das war verständlich.

»Ich glaube, ich habe etwas danebengegossen«, sagte sie entschuldigend.

»Schließlich gehört der Teppich nicht mir«, erwiderte Tobermory nur.

Wieder senkte sich ein Schweigen über die Anwesenden. Schließlich fragte Miss Resker mit ihrem hochmütigen Gesicht, ob die menschliche Sprache schwer zu erlernen sei. Tobermory sah sie einen Augenblick aufmerksam an und senkte dann vorwurfsvoll den Blick, damit zeigte er deutlich, dass er nicht geneigt war, auf derartig einfältige Fragen einzugehen.

»Was hältst du von der menschlichen Intelligenz?«, fragte Mavis Pellington schüchtern.

»Wessen Intelligenz meinen Sie im Besonderen?«, fragte Tobermory kühl.

»Zum Beispiel – zum Beispiel meine«, sagte Mavis und lachte dabei verlegen.

»Damit bringen Sie mich in eine peinliche Situation«, sagte Tobermory, dessen Ton und Benehmen jedoch keinerlei Peinlichkeit verrieten. »Als Ihr Name im Zusammenhang mit den Einladungen zu dieser Party genannt wurde, erhob Sir Wilfrid Einspruch, weil Sie die dümmste

Frau seines ganzen Bekanntenkreises seien und weil zwischen Gastfreundschaft und der Wohltätigkeit für geistig Minderbemittelte ein erheblicher Unterschied bestehe. Lady Blemley erwiderte darauf, dass ihr mangelnder Verstand doch gerade der Grund zu der Einladung sei, da Sie – Lady Blemleys Ansicht nach – der einzige infrage kommende Mensch wären, der ihren alten Wagen kaufen würde. Sie kennen den Wagen doch, nicht wahr? Man nennt ihn hier den ›Neid des Sisyphos‹, weil er jede Steigung sehr flott nimmt, wenn man ihn schiebt.«

Lady Blemleys Protest wäre erheblich wirkungsvoller gewesen, wenn sie nicht am gleichen Morgen – ganz nebenbei – zu Mavis gesagt hätte, dass der fragliche Wagen genau das Richtige für sie sei, da sie schließlich in dem hügeligen Gebiet von Devonshire wohne.

Um von diesem Thema abzulenken, stürzte Major Barfield sich in das Gespräch.

»Was ist eigentlich mit der gefleckten Stallkatze, mit der du dich dauernd herumtreibst? Antwort!«

Jeder der Anwesenden merkte im gleichen Augenblick, dass diese Frage ein großer Fehler war.

»Normalerweise redet man vor anderen nicht über derartige Dinge«, erwiderte Tobermory kalt. »Nach allem, was Sie sich seit Ihrer Ankunft in diesem Hause geleistet haben, würde es Ihnen aller Wahrscheinlichkeit nach auch nicht passen, wenn ich die Unterhaltung auf Ihre eigenen Affären brächte.«

Die Unruhe, die diese Worte auslösten, beschränkte sich nicht nur auf den Major.

»Könntest du vielleicht in der Küche nachfragen, ob dein Essen schon fertig ist?«, schlug Lady Blemley sofort vor und versuchte damit die Tatsache zu übersehen, dass es bis zu Tobermorys Abendbrot mindestens noch zwei Stunden dauern würde.

»Nein, danke«, sagte Tobermory, »das hat noch Zeit. Ich möchte nicht an einer Magenverstimmung sterben.«

»Du weißt doch, dass Katzen neun Leben haben«, meinte Sir Wilfrid nachdrücklich.

»Möglich ist es«, erwiderte Tobermory. »Aber sie haben nur eine Leber.«

»Adelaide!«, warf Mrs. Cornett ein, »willst du diese Katze etwa noch dazu ermuntern, draußen mit dem Personal über uns zu lästern?«

Das Entsetzen hatte inzwischen alle Anwesenden ergriffen. Vor den meisten Schlafzimmerfenstern lief nämlich eine schmale, mit Ornamenten verzierte Balustrade entlang, und man erinnerte sich auf einmal, dass sie zu jeder Zeit Tobermorys Lieblingsaufenthalt war, von dem aus er die Tauben beobachtete – und der Himmel allein wusste, wen noch! Mrs. Cornett, die einen erheblichen Teil ihrer Zeit vor dem Toilettenspiegel verbrachte und der man ein nomadenhaftes, wenn auch pünktliches Wesen nachsagte, machte einen genauso unruhigen Eindruck wie der Major. Sollte Tobermory in seiner offenen Art sich einiger Dinge erinnern, würde die Wirkung mehr als nur verwirrend sein. Miss Scrawen, die ausgesprochen sinnliche Gedichte verfasste und ein makelloses Leben führte, zeigte nur Entsetzen; wenn man in persönlichen Dingen systematisch und tugendsam vorgeht, hat man nicht unbedingt das Verlangen, dass alle Welt es erfährt. Bertie van Than, der schon mit siebzehn Jahren so verdorben war, dass er bereits vor einiger Zeit den Wunsch, noch schlimmer zu werden, fallengelassen hatte, verfärbte sich und wurde kalkweiß; immerhin beging er nicht den Fehler, den Raum überstürzt zu verlassen – wie Odo Finsberry, ein junger Mann, der Theologie studierte und den der Gedanke, in die Skandale anderer Menschen eingeweiht zu werden, völlig verwirrte. Clovis besaß die Geistesgegenwart, äußerlich völlig unbeteiligt zu wirken. Er überschlug in Gedanken, wie lange es dauern würde, sich irgendwoher eine Kiste mit besonders zarten Mäusen schicken zu lassen – als eine Art Schweigegeld.

Selbst in dieser heiklen Situation konnte Agnes Resker es nicht ertragen, längere Zeit im Hintergrund stehen zu müssen.

»Warum bin ich nur hierhergekommen?«, rief sie dramatisch aus.

Tobermory ergriff sofort die Gelegenheit.

»Nach allem, was Sie gestern Mrs. Cornett gegenüber während des Krocketspiels äußerten, sind Sie wegen des ausgezeichneten Essens gekommen. Von den Blemleys sagten Sie, sie seien die langweiligsten Menschen, die Sie kennen; dann meinten Sie jedoch, dass die Blemleys immerhin so klug gewesen seien, sich einen ausgezeichneten Koch zu halten – sonst wäre es Ihrer Ansicht nach auch kaum vorstellbar, dass irgendein Gast zum zweiten Mal hierherkäme.«

»Nicht ein einziges Wort davon ist wahr! Mrs. Cornett ist mein Zeuge ...«

»Mrs. Cornett wiederholte Ihre Worte gegenüber Bertie van Than«, fuhr Tobermory fort, »und sagte noch: ›Dieses Weib ist ein regelrechter Fresssack. Wenn sie weiß, dass sie ihre vier ausgiebigen Mahlzeiten pro Tag bekommt, geht sie überallhin!‹ Und Bertie van Than sagte …«

Glücklicherweise wurde der Bericht an dieser Stelle unterbrochen. Tobermory hatte Tom, den großen gelben Kater aus dem Pfarrhaus, entdeckt, der durch die Ziersträucher zum Stall schlich. Mit einem gewaltigen Satz war er durch die offen stehende Terrassentür verschwunden.

Nach der Flucht seines allzu gelehrigen Schülers fand sich Cornelius Appin plötzlich inmitten eines Orkans erbitterter Vorwürfe, ängstlicher Fragen und flehender Bitten. Allein bei ihm liege die Verantwortung für die entsetzliche Situation, und an ihm sei es jetzt, dafür zu sorgen, dass alles nicht noch schlimmer würde. Ob Tobermory seine gefährliche Begabung auch anderen Katzen mitteilen könne, war das Erste, was man ihn fragte. Möglich sei es, erwiderte er, dass er seine intime Freundin, die Stallkatze, in seine neuen Fähigkeiten einweihe; es sei jedoch unwahrscheinlich, dass er damit Erfolg hätte.

»Meinetwegen mag Tobermory eine wertvolle Katze und ein besonders liebes Tier sein«, meinte Mrs. Cornett. »Du wirst jedoch zugeben müssen, Adelaide, dass man ihn möglichst schnell beseitigen muss – und die Stallkatze auch!«

»Glaubst du etwa, dass ich die letzte Viertelstunde besonders genossen habe?«, sagte Lady Blemley verbittert. »Mein Mann und ich mögen Tobermory wirklich gern – wenigstens mochten wir ihn, solange er diese schrecklichen Fähigkeiten noch nicht besaß. Aber jetzt gibt es natürlich keine andere Lösung, als ihn so schnell wie möglich zu beseitigen.«

»Vielleicht könnten wir etwas Strychnin in sein Fressen tun«, meinte Sir Wilfrid. »Die Stallkatze werde ich persönlich ersäufen. Der Kutscher wird seinem Liebling zwar nachtrauern, aber ich werde einfach sagen, dass bei beiden Katzen eine ansteckende Räude ausgebrochen sei und dass wir fürchteten, sie könnten auch die Hunde infizieren.«

»Und meine einzigartige Entdeckung!«, unterbrach Mr. Appin ihn. »Nach so vielen Jahren des Forschens und Experimentierens …«

»Meinetwegen experimentieren Sie mit Rindviechern weiter, die man eingesperrt halten kann«, sagte Mrs. Cornett. »Oder auch mit den Elefanten in den Zoologischen Gärten. Elefanten sollen doch so intelligent sein, und außerdem sagt man von ihnen, dass sie sich weder in Schlafzimmern herumtreiben noch unter Sesseln verstecken!«

Ein Erzengel, der verzückt das Tausendjährige Reich verkündet hat und dann feststellen muss, dass es aus irgendeinem Grund auf unbestimmte Zeit hinausgeschoben wird, könnte kaum enttäuschter sein als Cornelius Appin über das Echo, das sein wunderbarer Erfolg ausgelöst hatte. Die öffentliche Meinung stand jedoch gegen ihn, und hätte man auf die Stimme der Allgemeinheit gehört, wäre eine bedeutende Minderheit vermutlich dafür gewesen, ihm ebenfalls eine strychningewürzte Speise vorzusetzen.

Schlechte Zugverbindungen und der nervöse Wunsch, das hoffentlich gute Ende noch mitzuerleben, verhinderten die sofortige Abreise der Beteiligten; aber trotzdem war das Abendessen kein gesellschaftlicher Erfolg. Besonders Sir Wilfrid hatte aufregende Stunden hinter sich – zuerst wegen der Katze, dann wegen des Kutschers. Agnes Resker begnügte sich – für alle sichtbar – mit einem trockenen Toast, in den sie jedoch hineinbiss, als sei er ihr persönlicher Feind. Mavis Pellington befleißigte sich eines störrischen Schweigens; Lady Blemley dagegen redete ununterbrochen und hoffte, dass man es als Unterhaltung ansehen würde, während ihre Augen immer wieder zur Tür wanderten. Auf dem Büfett stand eine Schüssel mit sorgfältig präpariertem Fisch – aber nachdem Nachspeise, Käse und Mokka abserviert waren, hatte man Tobermory weder im Speisezimmer noch in der Küche gesehen.

Der Leichenschmaus fand seine würdige Fortsetzung in der Nachtwache, die im Rauchzimmer abgehalten wurde. Essen und Trinken hatten zumindest zur Folge, dass die herrschende Verlegenheit bemäntelt und man von ihr abgelenkt wurde. Eine Partie Bridge stand jedoch bei der vorhandenen Nervenanspannung und aufgrund der allgemeinen Stimmung gar nicht zur Debatte. Um elf Uhr ging das Personal zu Bett, nachdem noch Bescheid gesagt worden war, dass das kleine Fenster in der Anrichte – Tobermorys Privateingang – wie üblich offen stehe. Die Gäste hingegen lasen sich standhaft durch die vorhandenen Magazine hindurch und griffen sogar auf literarische Zeitschriften sowie auf die verschiedenen Sammelbände des Punch zurück. In regelmäßigen Abständen suchte Lady Blemley die Anrichte auf, kehrte jedoch immer mit einem Ausdruck dumpfer Niedergeschlagenheit zurück, der jede Frage überflüssig machte.

Um zwei Uhr brach Clovis das lastende Schweigen.

»Heute Nacht kommt er doch nicht mehr. Vermutlich

sitzt er in der Redaktion der hiesigen Zeitung und diktiert das erste Kapitel seiner Memoiren. Sie werden alles Übrige aus dem Felde schlagen und die Sensation des Tages werden.«

Nachdem Clovis seinen Beitrag zur allgemeinen Unterhaltung beigesteuert hatte, begab er sich zu Bett. In längeren Abständen folgten die anderen Gäste seinem Beispiel.

Die Diener, die am folgenden Morgen den Frühstückstee auf den Zimmern servierten, gaben auf die stets gleiche Frage eine ständig wiederkehrende Antwort: Tobermory sei noch nicht nach Hause gekommen.

Das gemeinsame Frühstück verlief – wenn überhaupt möglich – noch unerfreulicher als das gestrige Abendessen; bevor man sich jedoch wieder erhob, wurde die Situation geklärt: Tobermorys Leichnam wurde ins Haus gebracht. Einer der Gärtner hatte ihn zwischen den Ziersträuchern gefunden. Aus der Bisswunde an seiner Kehle und den gelben Haarbüscheln an seinen Krallen wurde deutlich, dass er in dem ungleichen Kampf mit dem Tom aus dem Pfarrhaus unterlegen war.

Gegen Mittag hatten die meisten Gäste das Haus verlassen, und nach dem Essen hatte sich Lady Blemley wieder so weit erholt, dass sie an das Pfarrhaus einen äußerst unangenehmen Brief wegen des Verlustes ihres Lieblings schreiben konnte.

Tobermory war Mr. Appins erster erfolgreicher Schüler gewesen, und das Schicksal wollte es, dass er keinen Nachfolger bekam. Wenige Wochen später riss sich im Dresdener Zoo – ohne vorher die geringste Erregung zu zeigen – ein Elefant los und tötete einen Engländer, der ihn offenbar geärgert hatte. Der Name des Unglücklichen wurde von den Zeitungen verschieden angegeben: einmal als Oppin, dann wieder als Eppelin. Als Vorname wurde jedoch überall gleichlautend ›Cornelius‹ genannt.

»Wenn er versucht haben sollte, dem armen Tier die deutschen unregelmäßigen Verben beizubringen, hat er es auch nicht anders verdient«, sagte Clovis.

Marcia Davenport

Kitty

Kurz nach unserem Umzug nach Great Marsh war mein Geburtstag, und Russell, mein Mann, kam an dem Tag erst spät aus der Stadt nach Hause. Statt mit dem Zug war er mit seinem schrecklichen, alten schwarzen Chrysler gefahren. Als ich hörte, wie er auf der Landstraße angeknattert kam, schaute ich aus dem Fenster meines Zimmers, in dem ich mich umkleidete. Russell hielt nicht vor der Haustür, sondern fuhr bis zur Scheune. Was er da wohl wollte? Vom Haus aus war nichts zu sehen. Es dauerte unendlich lange. Dann sah ich ihn gemächlich über den Rasen laufen. Er hatte etwas in der Hand, das wie ein langes Seil aussah und an dessen anderem Ende – »Verflixt!«, sagte ich laut. Ich musste an den Auftrieb der Kühe in Vermont denken. In der Dämmerung konnte ich nicht erkennen, was er da an der Leine hatte, es sah aber groß und gelbbraun aus. Offenbar hatte er mir eine Deutsche Dogge gekauft. Ich hätte ihn umbringen können.

Da blies sich mein Kater Tam, der unter meiner Hand auf dem Fenstersims hockte, plötzlich auf wie ein Kugelfisch. Er machte einen Buckel, fuhr die Krallen aus und gab einen Laut, ein Fauchen und Schreien gleichzeitig, von sich. Seine Augen waren schärfer als meine. Russell hatte einen Löwen am Ende einer langen Kette. Ein drei Monate altes Löwenjunges – mein Geburtstagsgeschenk. Bezaubernd. Ich nannte es Kitty. Es war ein perfektes Kätzchen in Großformat. Kitty spielte mit Kordeln, Bällen und Gummitieren; sie schlug Purzelbäume und wedelte mit den riesigen Pfoten, wenn sie sich freute. Wenn sie einsam war, schrie sie; wenn sie schnurrte, klang es wie ein Elektromotor. Doch ihre Zuneigung und Lebensfreude waren nicht ganz ungefährlich, sie hatte ja keine Ahnung von ihrer eigenen Stärke und wog etwa fünfundfünfzig Pfund. Sie warf sich auf mich, wenn sie mit mir spielen wollte, oder schlug mir die Pfoten um die Fußgelenke. Meine Strümpfe wurden mit einer Geschwindigkeit von mehreren Dutzend pro Woche zerfetzt, und Löwenkratzer, selbst Kratzer von liebevollen Klapsen, können im Gegensatz zu denen von gewöhnlichen Hauskatzen eine Blutvergiftung verursachen. Wenn ich hinausging, um mit meinem Liebling zu spielen, trug ich nur noch dicke Jeanslatzhosen, eine langärmelige Jacke und Handschuhe. Tam litt Höllenqualen. Wenn Kitty nicht in ihrer Freilaufbox in der Scheune war, war sie mit einer Kette an einen langen Draht zwischen zwei Bäumen gebunden, und Tam blieb in meinem Zimmer und schrie vor Eifersucht auf dem Fenstersims.

Auf den ersten Blick jagte Kitty den meisten Leuten Angst und Schrecken ein. Der Eismann fragte mich zum Beispiel: »Ist das da das, wofür ich es halte?« An heißen Tagen war Kittys Lieblingsvergnügen, mit einem Stück von einem Eisblock zu spielen. Als einmal eins hinten von dem Lieferwagen gerutscht war, hatte sie sich darauf gestürzt und sprang seitdem immer, wenn der Eismann kam, freudig an ihrer Kette herum, um ihn zu begrüßen. Ich versicherte ihm, Kitty sei harmlos, doch bald kam der örtliche Jagdaufseher vorbei. Er wusste nicht, was er mit Kitty machen sollte. Ich bot an, eine Steuer für sie zu entrichten. Darauf war er noch gar nicht gekommen. Es gab aber keine Löwen-Steuer und einen Präzedenzfall auch nicht. Und was war ansonsten mit einem Gesetz, das auf Kitty zutraf? Nein, auch Fehlanzeige. Da stand er und beobachtete Kitty, die munter mit einem Kletterrosenzweig spielte. Er schob sich den Hut in den Nacken und sagte: »Ach, Quatsch, soll sie bleiben!«

Ernest Hemingway

Katze im Regen

Im Hotel wohnten nur zwei Amerikaner. Von all den Leuten, die ihnen auf ihrem Weg in ihr Zimmer auf der Treppe begegneten, kannten sie niemanden. Ihr Zimmer war in der zweiten Etage mit dem Blick aufs Meer und auch auf die öffentlichen Anlagen und das Kriegerdenkmal. In den öffentlichen Anlagen gab es große Palmen und grüne Bänke. Bei gutem Wetter war da immer auch ein Maler mit seiner Staffelei. Maler mochten die Art, wie die Palmen wuchsen, und die leuchtenden Farben der Hotels, die den Gärten und dem Meer gegenüberlagen. Italiener kamen von weit her, um an dem Kriegerdenkmal emporzusehen. Es war aus Bronze und glänzte im Regen. Es regnete. Der Regen tropfte von den Palmen. Wasser stand in Pfützen auf den Kieswegen. Das Meer durchbrach in einer langen Linie den Regen, glitt über den Strand zurück und kam herauf, um sich wieder in einer langen Linie im Regen zu brechen. Die Autos waren von dem Platz beim Kriegerdenkmal verschwunden. Auf der Schwelle eines gegenüberliegenden Cafés stand ein Kellner und blickte über den leeren Platz.

Die junge Amerikanerin stand am Fenster und sah hinaus. Grad unter ihrem Fenster hockte eine Katze unter einem der von Regen triefenden Tische. Die Katze suchte sich so zusammenzuballen, dass es nicht auf sie tropfen konnte.

»Ich geh runter und hole das Kätzchen«, sagte die junge Amerikanerin.

»Ich werd's machen«, erbot sich ihr Mann vom Bett her.

»Nein, ich hol's. Das arme Kätzchen da draußen; was es sich anstrengt, um unter dem Tisch trocken zu bleiben.«

Ihr Mann las weiter; er lag am Fußende des Bettes auf die zwei Kopfkissen gestützt.

»Werd nicht nass«, sagte er.

Seine Frau ging hinunter, und der Hotelbesitzer stand auf und verbeugte sich, als sie am Büro vorbeikam. Sein Pult stand ganz hinten im Büro. Er war ein alter und sehr großer Mann.

»*Il piove*«, sagte die Frau. Sie mochte den Hotelbesitzer.

»*Sì, sì, Signora, brutto tempo.* Es ist sehr schlechtes Wetter.«

Er stand hinter seinem Pult in der Tiefe des dämmerigen Zimmers. Die Frau mochte ihn. Sie mochte die todernste Art, mit der er alle Beschwerden entgegennahm. Sie mochte seine Würde. Sie mochte die Art, wie er ihr gegenüber immer dienstbereit war. Sie mochte, wie er sich als Hotelbesitzer fühlte. Sie mochte sein altes, schweres Gesicht und seine großen Hände.

Sie mochte ihn, machte die Tür auf und sah hinaus. Es regnete stärker. Ein Mann in einem Gummicape überquerte den leeren Platz zum Café. Rechts um die Ecke musste die Katze sein. Vielleicht konnte sie unter der

Dachtraufe trocken bis dahin gelangen. Während sie auf der Schwelle stand, öffnete sich hinter ihr ein Regenschirm. Es war das Mädchen, das ihr Zimmer aufräumte.

»Sie sollen nicht nass werden«, sagte sie lächelnd auf Italienisch. Natürlich hatte sie der Hotelbesitzer geschickt.

Das Mädchen hielt den Schirm über sie, während sie auf dem Kiesweg unter ihr Fenster ging. Der Tisch stand da, vom Regen hellgrün gewaschen, aber die Katze war fort. Sie war plötzlich enttäuscht. Das Mädchen sah fragend zu ihr auf.

»*Ha perduto qualque cosa, Signora?*«

»Da war eine Katze«, sagte die junge Amerikanerin.

»Eine Katze?«

»*Sì, il gatto.*«

»Eine Katze?«, lachte das Mädchen. »Eine Katze im Regen?«

»Ja«, sagte sie, »unterm Tisch«, und dann: »Ach, ich wollte sie so gern haben. Ich wollte so gern ein Kätzchen haben.«

Als sie englisch sprach, nahm das Gesicht des Zimmermädchens einen verschlossenen Ausdruck an.

»Kommen Sie, Signora«, sagte sie, »wir müssen wieder hinein, Sie werden sonst nass.«

»Vermutlich«, sagte die junge Amerikanerin.

Sie gingen den Kiesweg zurück und überschritten die Schwelle. Das Mädchen blieb draußen, um den Schirm zuzumachen. Als die junge Amerikanerin an dem Büro vorbeiging, verbeugte sich der Padrone hinter seinem Pult. Sie fühlte sich innerlich irgendwie sehr klein und wie zugeschnürt. Beim Anblick des Padrone fühlte sie sich sehr klein und gleichzeitig wirklich wichtig. Einen

Augenblick hatte sie ein Gefühl von höchster Wichtigkeit. Sie ging weiter, die Treppe hinauf. Sie öffnete die Zimmertür. George lag lesend auf dem Bett.

»Hast du die Katze?«, fragte er und legte das Buch hin.

»Sie war weg.«

»Wo sie wohl hin sein mag?«, sagte er, während er seine Augen vom Lesen ausruhte.

Sie setzte sich aufs Bett.

»Ich wollte sie so furchtbar gern haben«, sagte sie. »Ich weiß eigentlich gar nicht, warum ich sie so gern haben wollte. Ich wollte das arme Kätzchen haben. Es ist kein Spaß, ein armes Kätzchen draußen im Regen zu sein.«

George las wieder.

Sie ging hinüber, setzte sich vor den Spiegel ihres Toilettentisches und besah sich in ihrem Handspiegel. Sie besah sich prüfend ihr Profil, erst eine Seite, dann die andere. Dann betrachtete sie ihren Hinterkopf und ihren Nacken.

»Was meinst du, wäre es nicht eine gute Idee, wenn ich meine Haare wachsen ließe?«, fragte sie und besah sich nochmals ihr Profil.

George blickte auf und sah ihren Nacken, der wie bei einem Jungen ausrasiert war.

»Ich mag es so, wie es ist.«

»Ach, ich hab's so über«, sagte sie. »Ich hab's so über, wie ein Junge auszusehen.«

George veränderte seine Lage auf dem Bett. Er hatte, seitdem sie redete, nicht von ihr weggesehen.

»Du siehst ganz verteufelt hübsch aus«, sagte er.

Sie legte den Spiegel auf den Toilettentisch, ging zum Fenster hinüber und sah hinaus. Es wurde dunkel.

»Ich möchte meine Haare ganz straff und glatt nach hinten ziehen und hinten einen schweren Knoten machen, den ich wirklich fühlen kann«, sagte sie. »Und ich möchte ein Kätzchen haben, das auf meinem Schoß sitzt und schnurrt, wenn ich es streichle.«

»Wahrhaftig?«, sagte George vom Bett her.

»Und ich will an meinem eigenen Tisch mit meinem eigenen Besteck essen, und ich will Kerzen. Und ich will, dass es Frühling ist, und ich will mein Haar vor dem Spiegel richtig bürsten können, und ich will ein Kätzchen haben, und ich will ein paar neue Kleider haben.«

»Nun hör schon auf, und nimm dir was zu lesen«, sagte George. Er las wieder.

Seine Frau sah aus dem Fenster. Draußen war es jetzt ganz dunkel, und es regnete immer noch in den Palmen.

»Auf jeden Fall will ich eine Katze haben«, sagte sie. »Ich will eine Katze haben. Ich will sofort eine Katze haben. Wenn ich keine langen Haare oder sonst ein bisschen Spaß haben kann, eine Katze kann ich haben.«

George hörte nicht zu. Er las sein Buch. Seine Frau sah aus dem Fenster auf den Platz, wo die Laternen jetzt angezündet waren. Jemand klopfte an die Tür.

»*Avanti*«, sagte George. Er sah von seinem Buch auf.

In der Tür stand das Zimmermädchen. Sie hielt eine große, schildpattfarbene Katze eng an sich gepresst, die an ihrem Körper herunterhing.

»Verzeihung«, sagte sie. »Der Padrone sagte, ich soll dies der Signora bringen.«

Samuel Butler

Brief an seine Schwester

Liebes,
nein, eine Perserkatze will ich nicht; da lade ich mir zu
viel Verantwortung auf. Ich will eine Katze, die obdachlos ist, die ich finde, wie sie hier bei uns auf dem Ge-
lände herumwandert, und der gegenüber ich deshalb
keine Verpflichtungen habe. Es gibt in Clifford's Inn
einen hübschen Euphemismus, den die Wäscherinnen
ganz ernst nehmen. Sie behaupten, die Leute kämen
hierher, um »ihre Katzen zu verlieren«. Sie meinen,
wenn die Leute eine Katze haben, die sie nicht umbringen wollen, aber nicht wissen, wie sie sie loswerden sollen, bringen sie sie mit hierher, setzen sie innerhalb des
Zauns um unseren Rasen aus und bilden sich dann ein,
dass sie ihre Katze »verloren« haben. Das passiert wirklich sehr häufig, und ich habe mir schon ein schmutzi-
ges kleines betrunkenes Katzenkerlchen als Nachfolger
für meine arme alte Mieze ausgesucht. Es trinkt wahrscheinlich nichts Stärkeres als Milch und Wasser, aber so
viel Milch und Wasser können für einen Kater in dem
Alter auch wieder nicht gut sein – er sieht jedenfalls aus,
als wisse er einen guten Tropfen zu schätzen. Andererseits macht er auf mich den Eindruck, dass er zärtlich
und intelligent ist und Mäuse mag und solider würde,

wenn er ein Zuhause hätte. Einerlei, ich werde sehen, wie er sich macht.

Herzlich
Dein Samuel

Elke Heidenreich

Die Katze der verlassenen Frau

Sie ist so traurig. Ich weiß gar nicht mehr, was ich noch machen soll. Ich lege mich vor sie hin und zeige ihr mein Bäuchlein – sie bückt sich und weint. Ich springe beim Fernsehen auf ihren Schoß – sie weint. Ich kuschel mich nachts im Bett fest an sie – sie weint. Wenn sie isst, springe ich auf den Tisch und nähere mich ihrem Teller, als wollte ich mitessen. Früher hat sie dann immer ein großes Theater gemacht und geschrien: »Katzen bei Tisch – stumm wie der Fisch!« und hat mich mit ksch, ksch! heruntergescheucht. Jetzt? Jetzt sagt sie müde: »Ach, Josef!« und streichelt mich, isst noch ein bisschen und schiebt mir den Rest hin: »Nimm du, ich mag nicht mehr.«

Was tut man bloß, wenn der Mensch so verzagt ist? Wenn es mir schlechtgeht, rolle ich mich in meinem Körbchen zusammen, stecke die Nase unter den Schwanz, mache die Augen fest zu und denke: »Dann eben nicht!« Und dann sinke ich in einen tiefen, traumlosen Schlaf, und wenn ich wach werde, scheint vielleicht die Sonne und auf der Terrasse steht schon der Liegestuhl, in dem ich mich putzen und rekeln kann, oder es gibt frisches Hackfleisch. Sie sitzt da, die Hände im Schoß, und starrt auf das Telefon.

Er ruft aber nicht an.

Er hat alles mitgenommen, was ihm gehörte, das war zwei Tage Unordnung und Krach, Kisten standen herum, ich wurde von einer Ecke in die andere geschickt und war immer nur im Weg. Er hat mich gar nicht mehr richtig bemerkt. Hat er ja nie. Nicht wirklich, nur am Anfang, als er sich über mich bei ihr einschmeicheln wollte. So was durchschaue ich aber sofort, damit macht man bei mir keine Punkte. Ich war immer *ihr* Kater, und als er endgültig weg war und den Schlüssel auf den Tisch geschmissen hatte, sagte sie zu mir: »Josef, jetzt sind wir zwei wieder allein!« und weinte.

Was soll ich sagen – ich bin froh, dass wir wieder allein sind. Ich mochte ihn nicht besonders. Er war zu laut, er rauchte zu viel, ich durfte nachts auch nicht im Bett schlafen. Ich kam immer erst, wenn er eingeschlafen war und schnarchte, dann legte ich mich in ihre Kniekehlen, und wenn er morgens wach wurde, sprang ich weg – er hat nie gemerkt, dass ich nachts sehr wohl im Bett lag, auf ihrer Seite. Männer sind ja so dumm. Aber statt dass sie froh ist, ihn los zu sein, weint sie, läuft auf und ab und kann nichts mit sich anfangen. Ich warte auf den ersten Abend, an dem sie eine gute Flasche Wein aufmacht, eine laute Musik auflegt, Kerzen anzündet, in Gottes Namen ein paar Freunde einlädt – ich kann ja dann so lange unter dem Sofa liegen! – und wieder lacht. Dann haben wir es geschafft. Dann wirft sie mir wieder Papierkugeln durch die Wohnung, und ich tu so, als wäre ich noch ein junger Flitzer, und sause, ihr zuliebe, hinterher. Ich kenn das alles schon. Und dann wird die Zeit kommen, in der sie abends öfter weggeht, sich parfümiert und lange vor dem

Spiegel steht, sie wird mich fragen: »Wie sehe ich aus, Josef?«, und ich werde mich an ihrem Bein reiben und sagen: »Maunz!«, und sie wird denken, dass das »Gut!« heißt, aber es heißt: »Bleib da, es geht nur wieder alles von vorn los!« Und sie wird gehen, und, ja, es geht wieder alles von vorn los – einer wird mitkommen, über Nacht bleiben, und wenn ich Glück habe, hat er eine Katzenallergie, dann war's das. Wenn aber nicht, wird er mich am Anfang umgirren und umschwirren, sich mit mir verbrüdern wollen, nur, um ihr zu gefallen. Dann wird er mich nach und nach vom Sessel, vom Liegestuhl, aus dem Bett vertreiben, wird sich hier breitmachen, und ich spiele dann auch für sie wieder nur die zweite Geige. Ich kenne das alles. Ich kann warten. Er kommt, dieser Satz, er kommt immer, früher oder später: »Ach Josef, jetzt sind wir zwei wieder allein.« Maunz.

Tabby

Der Proust'sche Fragebogen

Der Fragebogen, den der Schriftsteller Marcel Proust in seinem Leben gleich zweimal ausfüllte, war in den Salons der Vergangenheit ein beliebtes Gesellschaftsspiel. Hier wird er zum ersten Mal von einer Katze, der grauen Kartäuserkatze Tabby, beantwortet:

Was ist für Sie das größte Unglück?
Schlaflosigkeit
Wo möchten Sie leben?
Ich hab es ganz gut hier
Was ist für Sie das vollkommene irdische Glück?
In der Sonne dösen
Welche Fehler entschuldigen Sie am ehesten?
Bellende Hunde, die können nicht anders
Ihre Lieblingsromanhelden?
»Kater Murr« von E. T. A. Hoffmann, »Der gestiefelte Kater« von Ludwig Tieck & »Ich, der Kater« von Natsume Sōseki
Ihre Lieblingsgestalt in der Geschichte?
Winston Churchill, er ließ immer für seine Katze den Tisch mitdecken
Ihre Lieblingsheldinnen in der Wirklichkeit?

Alle, die sich für die Sache der Katzen einsetzen: Eva Demski, Elke Heidenreich und so weiter: siehe Inhaltsverzeichnis!

Ihre Lieblingsheldinnen in der Dichtung?

Die Katze aus den Bremer Stadtmusikanten, die schwarze Katze von Bulgakows »Meister und Margarita«, die Graue in Marlen Haushofers »Die Wand«

Ihre Lieblingsmaler?

Cornelis Saftleven (er malte 1666 die erste Einzelkatze), B. F. Dolbin (Illustrationen in Axel Eggebrechts »Katzen«), Gottfried Mind, der Schweizer »Katzenraffael«, Michael Sowa, Théophile Steinlein

Ihr Lieblingskomponist?

Domenico Scarlatti (»La Fugue du Chat«), Franz Liszt (Die »Katzenfuge«), Giacomo Rossini (Das »Katzenduett«)

Welche Eigenschaften schätzen Sie bei einem Mann am meisten?

Pünktliches Füttern, pünktliche Spielstunde

Welche Eigenschaften schätzen Sie bei einer Frau am meisten?

Sie tolerieren Katzen im Bett

Ihre Lieblingstugend?

Beharrlichkeit

Ihre Lieblingsbeschäftigung?

Dösen, Schlafen, Ruhen, Fressen, Teppich ärgern

Wer oder was hätten Sie sein mögen?

Einen Tag Katze bei Kurt Tucholsky

Ihr Hauptcharakterzug?

Freier Wille

Was schätzen Sie bei Ihren Freunden am meisten?

Toleranz meiner Beharrlichkeit

Ihr größter Fehler?

???

Ihr Traum vom Glück?

Eine automatische Knabberkörnchen-Nachfüllmaschine

Was wäre für Sie das größte Unglück?

Noch 'ne Katze

Was möchten Sie sein?

Blöde Frage: Wir sind mal als Götter verehrt worden!

Ihre Lieblingsfarbe?

Grau

Ihre Lieblingsblume?

Katzenminze

Ihr Lieblingsvogel?

Amsel, Meise (sind eigentlich alle lecker)

Ihr Lieblingsschriftsteller?

Axel Eggebrecht

Ihr Lieblingslyriker?

Robert Gernhardt

Ihre Helden in der Wirklichkeit?

Humphrey, der Kater von Downing Street No. 10, dem von Cherie Blair sein Wohnrecht genommen wurde & Socks, Bill Clintons Katze (die hatte was um die Ohren, mannomann!)

Ihre Heldinnen in der Geschichte?

Die Katzen der angeblichen Hexen

Ihre Lieblingsnamen?

Willi, Tabby, Pumin

Was verabscheuen Sie am meisten?

Kälte, Schnee, Ameisen

Welche geschichtliche Gestalten verachten Sie am meisten?

Blondi

Welche militärischen Leistungen bewundern Sie am meisten?

Die Katze, die eine Schäferhund-Parade abnimmt. Davon gibt es ein Foto

Welche Reform bewundern Sie am meisten?

Howel der Gute, König von Wales, führte 936 ein Gesetz ein, das das Töten und Stehlen von Katzen unter Strafe stellte

Welche natürliche Gabe möchten Sie besitzen?

Mit dem Dosenöffner umzugehen

Wie möchten Sie sterben?

Wenn ich die neun Leben ausgeschöpft habe

Ihre gegenwärtige Geistesverfassung?

Immer mit der Ruhe

Ihr Motto?

Besser eine lebendige Katze als ein toter Löwe

Natsume Sōseki

Ich, der Kater

Gestatten, ich bin ein Kater! Unbenamst bislang.
Wo ich geboren wurde, davon habe ich nicht die
mindeste Ahnung. In Erinnerung geblieben ist mir lediglich, dass der Ort meiner Geburt düster und feucht war
und ich kläglich vor mich hin miaute. An diesem Ort sah
ich erstmals einen *Menschen*. Aber was heißt schon:
einen *Menschen*! Ich sah, wie ich später erfuhr, einen Studiosus, einen Angehörigen jener Spezies, welche unter
den Menschen als die grausamste angesehen wird. Man
erzählt sich, dass diese Studiosi gelegentlich Angehörige
meines Volkes fangen! kochen! und essen! Mir erschien
jedoch die damalige Situation nicht besonders schrecker-
regend, da mein Kopf noch frei von allen Gedanken war.
Nur ein Gefühl des Schwebens breitete sich in mir aus,
als ich auf den Handteller des Studiosus befördert und in
die Lüfte gehoben wurde. Nachdem ich es mir in seiner
Hand etwas gemütlich eingerichtet hatte, da wurde ich,
nach meiner Erinnerung, erstmalig eines sogenannten
Menschen ansichtig. Das Gefühl, welches die Merkwür-
digkeit dieses Wesens in mir auslöste, hat mich bis zum
heutigen Tage nicht verlassen. Sein Gesicht, um damit
zu beginnen, sein Gesicht also, welches doch nach allem
vernünftigen Dafürhalten mit Haaren hätte geschmückt

sein müssen, war blank wie der Bauch eines Kupferkessels. Seither bin ich manch einer Katze begegnet, auf ein derart verunstaltetes Wesen bin ich jedoch kein zweites Mal gestoßen. Doch dies war nicht der einzige Defekt: Aus der Mitte seines Gesichtes ragte ein fürchterlicher Vorsprung. Und aus den Löchern dieses Vorsprungs dampften von Zeit zu Zeit dicke Rauchwolken. Ja, fast erstickt wäre ich in diesem Qualm, und elend war es mir zumute. Dass es sich dabei um *Tabak,* den die Menschen rauchen, handelte, ist mir erst seit Kurzem bekannt.

Ich saß also eine Weile recht vergnügt in der Hand dieses Studiosus, als plötzlich alles mit einer entsetzlichen Geschwindigkeit zu rotieren begann. Ob der Studiosus rotierte oder ob nur ich alleine rotierte, wusste ich nicht zu sagen, auf jeden Fall drehte es mir die Augen im Kopf herum. Mir wurde übel. Als ich meine Lage schon für hoffnungslos ansah, tat es einen gewaltigen Schlag, und vor meinen Augen glänzten die Sterne. Bis hierhin reicht meine Erinnerung; was danach geschah, bleibt trotz eifrigsten Nachdenkens im Dunkeln.

Als ich wieder zu mir kam, war der Studiosus weg. Von meinen zahlreichen Geschwistern war auch kein einziges mehr zu sehen. Selbst meine teure Mutter war spurlos verschwunden. Und zu allem Unglück befand ich mich auch noch an einem Ort, der, ganz anders als mein Geburtsort, grässlich hell war. So hell, dass es schmerzte, die Augen zu öffnen. Du gute Güte! Irgendetwas stimmt hier ganz und gar nicht!, dachte ich mir und versuchte auf die Beine zu kommen, was mir aber größte Schmerzen bereitete. Heruntergerissen von meinem wei-

chen Strohlager, fand ich mich hineingeschleudert in ein
Gestrüpp aus Bambusgras.

Nach einigem Überlegen kroch ich schließlich aus dem
Gestrüpp hinaus und sah mich einem großen Teich gegenüber. Ich setzte mich an diesen Teich und versuchte,
die Lage zu klären: Was sollte ich nur tun?! Es stellte sich
jedoch kein einziger nennenswerter Gedanke ein. Nach
einer Weile fragte ich mich, ob mich der Studiosus vielleicht abholte, wenn ich weinen würde. Versuchsweise
miaute ich ein wenig, aber niemand kam. Unterdessen
strich schon der Wind über den Teich, und die Sonne begann zu sinken. In meinem Bauch breitete sich größte
Leere aus. Ich wollte weinen, aber die Stimme versagte
mir. Es musste also ohne Tränen gehen. Da mir nun alles
recht war, beschloss ich, mich zu einem Ort aufzuma-
chen, wo es etwas zu essen gab; ich begann, den Teich
ganz langsam an seiner linken Seite zu umrunden. Was
entsetzlich mühsam war. Ich aber unterdrückte Schmerz
und Pein und kroch, rücksichtslos gegen mich selbst,
weiter und weiter, bis ich schließlich an einen Ort gelangte, wo es irgendwie nach Menschen roch. So verkehrt
würde es nicht sein, hier hineinzukriechen, dachte ich
mir und schlüpfte durch ein Loch im Bambuszaun. Die
Vorsehung ist ein wundersames Ding: Wäre dieser Zaun
nicht beschädigt gewesen, wäre ich womöglich noch am
Wegesrand des Hungers gestorben. ›Wir lagern im Schatten eines Baumes, wir schöpfen Wasser aus einem Fluss.
Kein Ort, wo nicht das Walten des Karma zu spüren
wäre‹, pflegt man zu sagen, und das ist wirklich gut gesagt! Dieses Loch im Bambuszaun dient mir bis zum
heutigen Tage als Passage, wenn ich der kleinen Schild-

patt im Nachbarhaus einen Besuch abstatte. Nun, ich war also in das Anwesen eingedrungen, war aber ratlos, was mein weiteres Vorgehen anbetraf. Bald würde es dunkel sein, mein Magen war leer, die Kälte war kalt, und es begann zu regnen: Angesichts dieser Lage war keine Minute mehr zu verlieren. Da mir nichts anderes blieb, ging ich Schritt für Schritt in die Richtung, aus der Licht und Wärme zu kommen schienen. Zu diesem Zeitpunkt, das ist mir mittlerweile klar, befand ich mich bereits im Inneren des Hauses. Hier sollte sich, nach dem Zusammentreffen mit dem Studiosus, abermals die Gelegenheit zu einer Begegnung mit Menschen ergeben. Und der erste Mensch, auf den ich im Hause stieß, war die Küchenmamsell. Diese war noch einmal um ein gutes Stück gewalttätiger, als der Studiosus es gewesen, und kaum hatte sie mich erblickt, ergriff sie mich ohne Vorwarnung am Genick und beförderte mich ins Freie. Das ist nichts und wird nichts! dachte ich, schloss die Augen und gab mein Geschick dem Himmel anheim. Hunger und Kälte aber waren einfach zu viel für mich. Ich wartete also auf einen Moment der Unachtsamkeit bei der Küchenmamsell und enterte abermals die Küche. Und flog stehenden Fußes wieder hinaus. Kaum hinausgeflogen, betrat ich die Küche wieder, und kaum wieder eingetreten, flog ich wieder hinaus, und ich erinnere mich, dass sich dieser Vorgang an die vier, fünf Male wiederholt hat. In diesen Minuten entwickelte ich eine aufrichtige Abneigung gegen die Mamsell. Dieser Groll ist erst vor Kurzem in meinem Herzen zur Ruhe gekommen, als es mir gelang, dieser Person eine Makrele, die für sie gedacht war, zu stehlen und die Rechnung, die zwischen uns noch offen war, so zu begleichen. Gerade als ich das letzte Mal gepackt und hinausgeworfen werden sollte, tauchte der Herr des Hauses auf und sprach: »Was soll denn dieser Lärm!« Die Mamsell wandte sich, mit meinem Genick in der Hand, dem Hausherrn zu und sagte, dass sie Ärger mit diesem obdachlosen Kätzchen hätte, da es, wie oft sie es auch hinauswürfe, in die Küche dieses ehrenwerten Hauses zurückkäme. Der Hausherr schaute mir eine Weile ins Gesicht und zwirbelte dabei die schwarzen Haare, welche sich unter seiner Nase befanden, meinte dann, sie solle mich, wenn dem so sei, eben hierbehalten, und verschwand im Inneren des Hauses. Ein Mann von vielen Worten schien er nicht zu sein. Die Mamsell schleuderte mich ärgerlich in die Küche. Auf diese Weise entschied ich mich endlich für dieses Haus, damit es mir als Wohnung dienen mochte.

Es geschieht nur selten, dass mein Hausherr und ich einander begegnen. Von Beruf soll er Lehrer sein. Sobald er von der Schule nach Hause kommt, betritt er sein Studierzimmer, das er dann für den Rest des Tages auch kaum mehr verlässt. Meine Mitbewohner halten ihn für einen exorbitanten Gelehrten. Und auch er selbst benimmt sich, als wäre er einer. In Wirklichkeit aber ist er mitnichten der Gelehrte, für den er gehalten wird. Von Zeit zu Zeit stehle ich mich zu seinem Studierzimmer und werfe einen Blick hinein, wobei ich oft feststellen muss, dass der Herr des Hauses ein Schläfchen hält. Manchmal besabbert er dabei das Buch, das er zu lesen angefangen hat. Er leidet an Dyspepsie, und seine Haut, die schlaff und kränklich wirkt, ist von einem gelblichen Schimmer überzogen. Dessen ungeachtet, verleibt er sich

Berge von Essen ein. Es ist jeden Tag dasselbe Lied: Erst verschlingt er einen Berg von Essen, dann schluckt er Takadiastase. Hat er die Medizin geschluckt, schlägt er ein Buch auf. Und hat er zwei, drei Seiten gelesen, wird er schläfrig. Sabber tropft auf das Buch. Dies ist das Programm, das er allabendlich absolviert. Obwohl ich ein Kater bin, denke ich doch von Zeit zu Zeit: Lehrer, so scheint es meiner Wenigkeit, sind wahrhaft glückliche Wesen. Wer als Mensch geboren wird, der sollte Lehrer und nichts als Lehrer werden. Bei so viel Schlaf wäre es auch für eine Katze kein Ding der Unmöglichkeit, sich diesem Berufe gewachsen zu zeigen. Hört man allerdings den Herrn des Hauses sprechen, so gibt es niemanden, der so eine schwere Last zu tragen hätte wie ein Lehrer, und sooft ihn ein Freund besucht, verleiht er seiner Unzufriedenheit aufs Innigste Ausdruck.

In den Tagen, in denen ich mein Leben in diesem Haus aufnahm, war ich, von meinem Herrn einmal abgesehen, bei allen äußerst unpopulär. Wohin ich auch ging, ich wurde zurückgestoßen, und nirgendwo streckte sich mir die Hand eines Freundes entgegen. Wie wenig Hochschätzung man mir erweist, lässt sich auch daran erkennen, dass man bis zum heutigen Tage noch nicht einmal die Güte hatte, mir einen Namen zu geben. Da mir andere Türen verschlossen blieben, bemühte ich mich, so oft wie möglich an der Seite meines Herrn zu sein, der so freundlich gewesen war, mich in seinem Heim aufzunehmen. Ich hatte es mir zur Regel gemacht, bei seiner morgendlichen Zeitungslektüre auf seinen Knien zu liegen. Und wenn er nachmittags ein Schläfchen hielt, an seinem Rücken. Womit nicht unbedingt gesagt werden soll, dass ich ihn besonders schätze. Da ich aber ohne Schutz und Beistand war, wie hätte ich anders handeln können! Später bin ich dann, aufgrund verschiedener Erfahrungen, dazu übergegangen, morgens auf der Reisschüssel, abends auf dem Kotatsu und an schönen Nachmittagen auf der Veranda zu ruhen. Das höchste Vergnügen aber ist es, bei Anbruch der Nacht ins Bett der Kinder zu schlüpfen und bei ihnen zu schlafen. Die Kinder des Hauses, zwei und vier Jahre alt, schlafen in einem Zimmer im selben Bett. Irgendwie gelingt es mir immer, mich zwischen die beiden zu quetschen, sobald ich ein Plätzchen ausfindig gemacht habe, das groß genug für mich zu sein verspricht; wenn aber unglücklicherweise eines der Kinder erwacht, endet alles in einem großen Fiasko. Die Kinder – insbesondere das kleinere der beiden verfügt über einen bösartigen Charakter – rufen dann: »Der Kater ist da! Der Kater ist da!« und fangen mitten in der Nacht zu plärren an, ohne sich um die späte Stunde zu scheren. Woraufhin mein Herr mit seiner nervösen Dyspepsie unweigerlich erwacht und aus dem Nachbarzimmer hereingeschossen kommt. Kürzlich hat er mir doch wahrhaftig mit einem Lineal die Arschbacken versohlt. Je länger ich mit Menschen unter einem Dach zusammenlebe und sie studiere, desto weniger komme ich an der Feststellung vorbei, dass sie selbstsüchtige und rücksichtslose Wesen sind. Insbesondere bei der Beschreibung des Verhaltens der Kinder, mit denen ich von Zeit zu Zeit das Lager teile, stoße ich schnell an die Grenzen der Sprache. Wenn es ihnen gerade in den Sinn kommt, lassen sie mich an den Füßen nach unten baumeln! zwingen mich dazu, einen Sack über dem Kopf zu tragen!

schleudern mich in der Gegend herum! oder stopfen mich in den Herd! Hinzu kommt, dass ich, wenn *ich* auch nur ein wenig Tatendrang zeige, von den anderen Mitgliedern des Haushalts mit vereinten Kräften herumgehetzt und der Verfolgung preisgegeben werde. Erst kürzlich, als ich meine Krallen einen Augenblick lang an den Tatami polierte, geriet die bessere Hälfte meines Herrn in größte Wut, und seither lässt sie mich kaum mehr in die mit Tatami ausgelegten Zimmer. Mag ich auch zitternd auf den Dielen des Küchenbodens hocken, sie lässt das völlig ungerührt. Auch die von mir verehrte Madame Weiß, welche schräg gegenüber wohnt, pflegt bei unseren Treffen zu sagen, dass es keine unmenschlicheren Wesen als die Menschen gibt. Madame Weiß hat vor wenigen Tagen vier reizende Kätzchen zur Welt gebracht. Der Studiosus aber, der in ihrem Haus wohnt, hat diese am dritten Tag nach ihrer Geburt zum Teich hinter dem Haus gebracht und allesamt ertränkt. Nachdem Madame Weiß mir unter Tränen sämtliche Details dieser Geschichte erzählt hatte, sagte sie, dass wir, das Volk der Katzen, den Kampf mit den Menschen aufzunehmen und sie auszurotten hätten, um die Liebe zwischen Eltern und Kindern zur Vollendung zu bringen und ein wundervolles Familienleben führen zu können. Ich teile diese Meinung rückhaltlos. Oder ein anderes Beispiel: Mademoiselle Schildpatt aus dem Nachbarhaus ist voller Empörung über die Menschen, weil ihnen, wie sie sagt, jegliches Verständnis für Besitzrechte fehlt. Unter den Mitgliedern unseres Volkes ist es Brauch, dass derjenige, welcher zuerst auf etwas stößt – gleichviel, ob es sich um den Kopf einer aufgespießten Trockensardine oder die dicke und leckere Magenwand einer Meeräsche handelt –, das Recht hat, es zu verspeisen. Und dieses Recht ist uns so heilig, dass der Finder sogar zu roher Gewalt greifen darf, falls jemand diese Übereinkunft verletzt. Allein, die Menschen verhalten sich, als würde eine derartige Rechtsvorstellung überhaupt nicht existieren, und rauben uns alles an kulinarischen Genüssen, was wir entdecken, zu ihrem höchsteigenen Nutzen. Im Vertrauen auf ihre Körperkräfte entreißen sie uns alles, was nach Sitte und Anstand für unseren Verzehr bestimmt gewesen ist. Madame Weiß lebt im Haus eines Soldaten, der Herr von Mademoiselle Schildpatt ist Advokat. Meine Einstellung zu diesem Problem ist nur deshalb optimistischer als die der beiden, weil ich im Haus eines Lehrers wohne. Wenn ich nur irgendwie Tag für Tag mein Auskommen finde, bin ich schon zufrieden! Nicht einmal der Stern der Menschen dürfte in alle Ewigkeit so hell strahlen wie in unseren Tagen. Nun ja, fassen wir uns in Geduld! Die Zeit der Katzen wird kommen! (…)

Damon Runyon

Lillian

Ich habe ja immer gesagt, dass Wilbur Willard ein abso-
luter Glückspilz ist. Denn was, wenn nicht Glück, ist
der Grund, dass er eines kalten, verschneiten Morgens
genau da die Neunundvierzigste Straße entlangtorkelt,
als Lillian auf dem Bürgersteig herummiaut und ihre
Mama sucht?

Und was, wenn nicht Glück, ist der Grund, dass Wilbur
Willard hackevoll ist, weil er mit einem Freund namens
Haggerty in einer Wohnung drüben in der Neunundvier-
zigsten bei ein paar Gläsern Scotch zusammengesessen
hat? Wenn Wilbur Willard nämlich nicht hackevoll wäre,
sähe er, dass Lillian bloß eine kleine schwarze Katze ist,
und würde einen großen Bogen um sie machen, denn jeder weiß, dass schwarze Katzen schreckliches Unglück
bringen, selbst wenn sie noch Kätzchen sind.

Aber dermaßen abgefüllt, sieht Wilbur Willard die
Welt ganz anders; er sieht Lillian nicht als kleines schwarzes Kätzchen, das im Schnee herumkraucht, sondern als
wunderschönen Leoparden. Der Polizist O'Hara, der
langsam an ihnen vorbeigeht, hört nämlich, wie Wilbur
sagt:

»Oh, du wunderschöner Leopard!«

Der Uniformierte riskiert auch einen kurzen Blick,

schließlich will er nicht, dass Leoparden in seinem Revier rumlaufen, das ist gegen das Gesetz. Aber er sieht, wie er mir später erzählt, nur, wie dieser versoffene Schnulzensänger Wilbur Willard ein mageres, kleines schwarzes Kätzchen aufhebt und in seine Manteltasche stopft, und er hört, wie Wilbur sagt:

»Du heißt Lillian.«

Dann torkelt Wilbur hoch zu seinem Zimmer im obersten Stock einer alten Absteige in der Achten Avenue, dem Hotel de Brussels, wo er schon eine ganze Weile logiert, denn die Direktion hat nichts gegen Schauspieler, die Direktion des Hotel de Brussels ist wirklich sehr tolerant.

Allerdings beschwert sich an dem Morgen eine Nachbarin von Wilbur, die alte Tingeltangeltänzerin Minnie Madigan, die seit der Ermordung Abraham Lincolns nicht mehr getingelt ist, denn sie hört, wie Wilbur sich in seinem Zimmer in einem fort über einen wunderschönen Leoparden auslässt, und ruft den Empfangschef und sagt ihm, ein Hotel, das wilde Tiere duldet, verliert seinen guten Ruf. Doch der Empfangschef schaut bei Wilbur vorbei und sieht, dass er nur mit einem harmlosen schwarzen Kätzchen spielt, und die Meckerei des alten Mädels hat keine weiteren Folgen, vor allem auch deshalb, weil sowieso noch nie jemand behauptet hat, das Hotel de Brussels habe einen Ruf, schon gar keinen guten.

Als Wilbur nachmittags aus dem Dschumm erwacht, sieht er natürlich auch, dass Lillian keine Leopardin ist, ja, er staunt sogar sehr, dass er mit einer kleinen schwarzen Katze im Bett liegt, denn Lillian schläft auf seiner Brust, weil sie es dort offenbar schön warm hat. Zuerst traut Wilbur seinen Augen nicht und macht Haggertys Scotch dafür verantwortlich, aber schließlich glaubt er, was er sieht, steckt Lillian in die Tasche, geht mit ihr in die Hot Box, einen Nachtclub, und gibt ihr ein wenig Milch, die Lillian augenscheinlich sehr mag.

Wo Lillian ursprünglich herkommt, weiß natürlich kein Mensch. Gut möglich, dass jemand sie aus dem Fenster in den Schnee geschmissen hat, denn in New York schmeißen die Leute immer Kätzchen aus dem Fenster und einiges andere noch dazu. Ja, wenn es etwas gibt, von dem diese Stadt mehr als genug hat, dann sind es Kätzchen, die schließlich Katzen werden und dann in Ascheimern herumschnüffeln und auf Dächern miauen und den Leuten den Schlaf rauben.

Ich persönlich kann mit Katzen nichts anfangen, auch mit kleinen Katzen nicht, denn ich habe noch nie eine gesehen, die auch nur das kleinste bisschen Grips im Kopf hatte. Aber ich kenne einen Burschen, der sich Pussy McGuire schimpft und sich dumm und dämlich damit verdient, dass er ausschließlich Katzen und manchmal Hunde stiehlt und sie dann an alte Mädels verkauft, die sie als Gesellschaft wollen. Aber Pussy stiehlt nur Perser- und Angorakatzen, und das sind richtig edle Katzen, und so eine ist Lillian natürlich nicht. Lillian ist nur eine schwarze Katze, und in dieser Stadt nimmt keiner eine schwarze Katze, nicht für Geld und gute Worte, denn alle glauben, dass sie einem richtig Unglück bringen.

Noch dazu kommt nach ein paar Wochen raus, dass Wilbur Willard seine schwarze Katze auch Herman oder Sidney hätte nennen können, doch er bleibt bei Lillian, denn so hieß seine Partnerin, mit der er vor Jahren im

Varieté gearbeitet hat. Von Lillian Withington erzählt er mir oft, wenn er abgefüllt ist, das heißt meistens, denn Wilbur ist ein Scotchtrinker vor dem Herrn, er trinkt aber auch Roggenwhiskey oder Bourbon oder Gin oder was es außer Wasser sonst noch gibt. Ja, Wilbur Willard trinkt in großem Stil, und es hat auch keinen Zweck, ihm zu sagen, dass das Trinken in diesem Land gegen das Gesetz verstößt, denn da wird er nur ungemütlich und sagt, das Gesetz kann mich sonstwo lecken, nur benutzt er natürlich ein viel gröberes Wort.

»Sie sieht aus wie eine wunderschöne Leopardin«, erzählt mir Wilbur von Lillian Withington. »Schwarze Haare und schwarze Augen und geschmeidig wie ein Leopard, der im Palace mal im selben Programm wie wir aufgetreten ist. Da war'n wir die Hauptattraktion«, sagt er, »Willard und Withington, die beste Gesangs- und Tanznummer im Land. Ich hab sie in San Antonio aufgegabelt, einem Kaff in Texas. Sie kommt gerade aus dem Kloster, und ich hab gerade meine alte Partnerin Mary McGee verloren, die mir doch urplötzlich da unten an Lungenentzündung wegstirbt. Lillian will unbedingt auf die Bühne und geht mit mir auf Tournee. Ein Naturtalent als Schauspielerin, großartige Stimme. Aber wie eine Leopardin«, sagt Wilbur, »wie eine Leopardin. Sie hat was von 'ner Katze, da kannst du Gift drauf nehmen, und Katzen und Frauen sind beide undankbar. Ich liebe Lillian Withington. Ich will sie heiraten. Aber sie zeigt mir die kalte Schulter. Sie sagt, sie will nicht ihr ganzes Leben auf der Bühne stehen. Sie will Geld und Luxus und ein schönes Zuhause, alles, was ein Kerl wie ich einem Mädel natürlich nicht bieten kann. Dabei hab ich sie von vorne bis hinten bedient. Ich war ihr Sklave. Ich hätte alles für sie getan. Da kommt sie in Boston eines Tages an und sagt, sie geht. Sie sagt, sie heiratet einen reichen Kerl dort. Damit war die Nummer natürlich geplatzt, und ich habe nie wieder den Mut gehabt, mich nach einer neuen Partnerin umzusehen, und irgendwann bin ich an der dämlichen schwarzen Flasche hängengeblieben, und was bin ich jetzt? Ein abgehalfterter Nachtclubsänger.«

Manchmal fängt er dann an zu weinen, und manchmal weine ich mit. Dabei hat er, so wie ich es sehe, noch Dusel gehabt hat, weil er ein Mädel losgeworden ist, die was von ihm will, das er ihr nicht geben kann. Wie viele Burschen in dieser Stadt sind mit Mädels verbandelt, die was von ihnen wollen, was sie ihnen nicht geben können, die sie aber trotzdem an sich binden, und die Burschen ruinieren sich, um sie zufriedenzustellen.

Wilbur macht ganz gutes Geld als Sänger in der Hot Box, obwohl er das meiste davon für Scotch ausgibt, und er ist auch kein schlechter Entertainer. Wenn ich den Blues habe, gehe ich oft in die Hot Box und höre mir an, wie er »Melancholy Baby« und »Moonshine Valley« und andere traurige Lieder singt, bei denen mir das Herz bricht. Ich begreife eigentlich nicht, warum die Frauen Wilbur nicht alle lieben, besonders, wenn sie hören, wie er – gut abgefüllt – Stücke wie »Melancholy Baby« singt. Er ist groß, sieht gut aus, hat lange Wimpern und braune Schlafzimmeraugen, und seine Stimme hat einen tiefen, klagenden Ton, der normalerweise bei den Mädels groß ankommt. So manches Mädel macht Wilbur auch Avancen, wenn er in der Hot Box singt, aber aus irgendeinem Grund spendiert Wilbur nie einer ein Glas. Und zwar deshalb, glaube ich, weil er immer nur an Lillian Withington denkt.

Aber jetzt entwickelt er mit Lillian, dem schwarzen Kätzchen, offenbar ein neues Interesse am Leben, und Lillian wird auch ganz pfiffig und sieht nicht schlecht aus, als Wilbur sie aufgepäppelt hat. Sie ist schwärzer als der schwärzeste Kamin von innen, nicht der kleinste weiße Fleck, und sie wächst so schnell, dass Wilbur sie allmählich nicht mehr in der Manteltasche mit sich rumtragen kann. Also legt er ihr ein Halsband um und nimmt sie an der Leine mit. Mit dem Ergebnis, dass Lillian auf dem Broadway sehr bekannt wird – Wilbur nimmt sie ja auch praktisch überallhin mit, und am Ende muss er sie auch gar nicht mehr an der Leine behalten, denn sie folgt ihm wie ein Hündchen. Und auf den stürmischen Breitengraden um die Neunundvierzigste legt auch kein Wauwau Wert darauf, Lillian ins Gehege zu kommen, denn schneller, als man »Hau ab!« sagen kann, stürzt sie sich auf die Tölen und kratzt und beißt, bis die heilfroh sind, von ihr wegzukommen.

Die meisten Hunde in der Gegend sind natürlich Chow-Chows und Pekinesen, Spitze und kleine, wollige weiße Pudel, die an der Leine von blonden Mädels ausgeführt werden und sich gegen eine schlaue Katze nicht zur Wehr setzen können. Am Ende ist es so, dass Wilbur Willard mit keinem Mädel zwischen Times Square und Columbus Circle mehr redet, das einen Hund besitzt, und die Mädels hoffen alle, dass Wilbur und Lillian sich irgendwohin verziehen und das Zeitliche segnen. Darüber hinaus gerät Wilbur auch ein paarmal mit den Kerlen aneinander, die zu den Mädels gehören, aber er schlägt sich tapfer, wenn er nicht zu abgefüllt ist und Gummibeine hat.

Wenn Wilbur mit Unterhalten der Leute in der Hot Box fertig ist, geht er normalerweise in die Speakeasies, die noch offen sind, und trinkt zu dem, was er schon in der Hot Box getrunken hat, locker noch ein bisschen was dazu, was nicht wenig ist, und obwohl es in dieser Stadt als sehr riskant angesehen wird, Hot-Box-Schnaps mit anderem zusammen zu trinken, scheint es Wilbur nie was auszumachen. Bei Tagesanbruch nimmt er ein paar Flaschen Scotch mit in sein Zimmer im Hotel de Brussels – die braucht er als Schlaftrunk –, und wenn er dann endlich einschlafen kann, hat er jede Menge verschiedenste Schnäpse intus und schläft wie ein Murmeltier.

Auf dem Broadway wirft natürlich niemand Wilbur vor, dass er so ein Schluckspecht ist, denn alle wissen, dass er Lillian Withington liebt und sie verloren hat, und weil man es in dieser Stadt als Grund genug betrachtet, zur Flasche zu greifen, wenn man ein Mädchen verloren hat, wird hier viel getrunken. Wie Wilbur aber den ganzen Schnaps verträgt, ohne abzukratzen, ist allen ein Rätsel. Die Friedhöfe sind voll von Kerlen, die viel weniger als Wilbur getrunken haben. Dabei findet er gar nicht mal, dass er viel verträgt, oder wenn doch, dann behält er es für sich und posaunt nicht in der Gegend rum, es wär der Fusel, den man heutzutage kriegt.

Ein paar Jungs verlieren im Mindy's in einem Winter eine schöne Stange Geld. Denn da fängt Wilbur an, hauptsächlich nach der Sperrstunde in Good Time Charleys Speakeasy zu trinken, und die Jungs wetten vier zu eins, dass er es nicht mehr bis zum Frühjahr macht. Sie können sich einfach nicht vorstellen, dass man so viel von Good Time Charleys Schnaps in sich hineinkippen und weiterleben kann. Aber Wilbur Willard trinkt, als sei nichts, und da sagen alle, dieser Bursche hat von Natur aus eben übermenschliche Kräfte, und damit hat sich's.

Manchmal kommt Wilbur mit Lillian, die, immer nach Hunden Ausschau haltend, hinter ihm herläuft oder bei schlechtem Wetter auf seiner Schulter reitet, im Mindy's vorbei, und dann sitzen die beiden stundenlang mit uns zusammen, und wir plaudern über Gott und die Welt. Wilbur hat meist 'n Flachmann dabei und genehmigt sich ab und zu einen Schluck, was für ihn aber natürlich nicht unter der Überschrift ernsthaftes Trinken läuft. Wenn Lillian mit Wilbur kommt, liegt sie immer so dicht bei ihm wie möglich, und alle sehen, dass sie Wilbur sehr mag und dass er sie auch sehr mag, selbst wenn er sich manchmal vergisst und von ihr als wunderschöner Leopardin spricht. Aber da hat er sich natürlich nur versprochen, und sowieso, wenn es Wilbur Spaß macht, Lillian als Leopardin zu betrachten, dann geht das einzig und allein ihn was an.

»Eines Tages wird sie mir fortlaufen«, sagt Wilbur und streichelt Lillian über den Rücken, bis ihr das Fell knistert. »Ja, ja, denn obwohl ich ihr jede Menge Leber und Katzenminze und einiges andere mehr und meine ganze Zuneigung obendrein gebe, wird sie mir eines Tages den Laufpass geben. Katzen sind wie Frauen und Frauen wie Katzen. Sie sind beide sehr undankbar.«

»Und bringen einem beide meistens Unglück«, sagt Big Nig, der Würfelspieler. »Besonders die Katzen, und ganz besonders schwarze Katzen.«

Viele andere Jungs erzählen Wilbur ebenfalls, dass Katzen Pech bringen, und raten ihm, Lillian nachts mit einem Gewicht am Hals in den North River zu werfen. Aber Wilbur behauptet, mehr Pech, als Lillian Withington zu verlieren, kann er gar nicht mehr haben, und mit Lillian der Katze kann es auch nicht schlimmer werden, und deshalb verwöhnt er sie noch mehr als sonst, und Lillian wird groß und stark, bis ich allmählich denke, vielleicht steckt doch ein Bernhardiner in ihr.

Schließlich aber fällt mir was Komisches an ihr auf. Manchmal ist sie Wilbur gegenüber sehr liebevoll, und dann wieder ist sie sehr unfreundlich und faucht ihn an und schlägt richtig böse mit den Krallen nach ihm. Wenn Wilbur voll ist, kommt es mir vor, hat sie gute Laune. Aber wenn er nur ein kleines bisschen voll ist, ist sie genauso traurig und reizbar wie er. Und wenn Lillian traurig und gereizt ist, dann haben die Köter in der Umgebung des Brussels wahrhaftig nichts zu lachen.

Ja, Lillian fängt immer dann mit Hundejagen an, wenn Wilbur mal nicht aufpasst. Dann schleicht sie sich davon, duckt sich und pirscht sich an die Hunde ran, besonders, wenn sie welche findet, die nicht an der Leine sind. Ein nicht angeleinter Hund ist für Lillian ein Kinderspiel.

Unter den Mädels, denen die Hunde gehören, sorgt das natürlich für große Empörung, vor allem als Lillian eines Tages mit einem Pekinesen am Schlafittchen nach Hause kommt, der so groß ist wie sie selbst, eine sehr aufgeregte Blondine im Schlepptau, die vor Wilbur Willards Tür Zeter und Mordio schreit, als Lillian mitsamt dem Pekinesen durch das Loch, das er ihr in die Tür gesägt hat, ins Zimmer schlüpft. Aber statt dass Wilbur Lillian schimpft und ihr für so eine Untat eine Tracht Prügel gibt, scheint er sich zu freuen, denn er ist bei Lillians Ankunft mit dem Pekinesen immer noch benebelt und hält sie für einen wunderschönen Leoparden.

»Ach«, sagt Wilbur, »wenn das keine Liebe ist. Mein wunderschöner Leopard geht in den Dschungel und fängt mir eine Antilope zum Abendessen.«

Das ist natürlich der blanke Unsinn, weil ein Pekinese mit Sicherheit kein bisschen einer Antilope ähnelt, doch das blonde Mädel vor Wilburs Tür hört, was er murmelt, und meint, er will ihren Pekinesen zum Abendessen verspeisen, und da zetert sie wirklich ganz erbärmlich. Im Brussels hat man große Mühe, die Blondine zu beschwichtigen, so wütend ist sie, dass Lillian sich ihren Pekinesen geschnappt hat. Und dann stellt sich auch noch heraus, dass der treuliebende Kerl der Blondine Gregorio ist, seines Zeichens brutaler italienischer Alkoholschmuggler, und am nächsten Abend kreuzt er in der Hot Box auf und will Wilbur Willard einen Denkzettel verpassen.

Aber Wilbur beruhigt ihn mit ein paar Drinks und singt »Melancholy Baby« für ihn, und der Itaker schmilzt dahin und schließt Wilbur ins Herz und Lillian auch und will Wilbur, bevor er geht, unbedingt fünf Dollar geben, damit Lillian sich den Pekinesen noch einmal schnappt, ihn aber, bitte sehr, nicht mehr zurückbringt. Offenbar macht sich Gregorio nicht sonderlich viel aus Pekinesen und zeigt sich nur so streitsüchtig dem blonden Mädel zu Gefallen, damit sie denkt, er liebt sie von Herzen.

Aber ich sehe, dass Lillian Launen hat, und frage schließlich Wilbur, ob er es auch merkt.

»Ja«, sagt er sehr traurig, »offenbar hält ihre Liebe zu mir nicht ewig. Sie wird sehr launisch. Neulich zieht ein Typ mit einem kleinen Jungen auf meinen Flur im Brussels, und Lillian mag den Kleinen sofort. Ja, sie sind schon dicke Freunde. Ach«, fügt Wilbur hinzu, »Katzen sind wie Frauen. Ihre Liebe ist nicht von Dauer.«

Zufällig geh ich ein paar Tage später ins Brussels, um einem Burschen, der sich Crutchy schimpft und auf demselben Stock wie Wilbur Willard wohnt, zu erklären, dass einige unserer Bürger sein Gesicht nicht mögen und es vielleicht keine schlechte Idee wäre, wenn er die Stadt verlässt, besonders wenn er unbedingt weiter Bier in ihr Revier bringen will. Da seh ich Lillian im Flur mit einem Dreikäsehoch, bestimmt der Kleine, von dem Wilbur redet. Der Junge ist vielleicht drei Jahre alt und sehr niedlich, pechschwarze Haare und pechschwarze Augen, und er schleppt Lillian ziemlich unsanft durch den Flur. Erstaunlich, denn Lillian ist keine Katze, die sich unsanftes Rumschleppen gefallen lässt, nicht einmal von Wilbur Willard.

Wie kommt jemand dazu, überlege ich, so ein kleines Kind mit an so einen Ort wie das Brussels zu nehmen, gelange aber zu dem Schluss, dass es vielleicht das Kind eines Schauspielers und keine Mama für es da ist. Als ich später mit Wilbur darüber spreche, sagt er:

»Hm, wenn der Papa des Kleinen Schauspieler ist, dann behält er das aber ziemlich für sich. Er hockt die ganze Zeit in seinem Zimmer und erlaubt dem Jungen nirgendwo anders hinzugehen als in den Flur, und mir tut der Kleine leid, und deshalb lasse ich Lillian mit ihm spielen.«

Und dann wird es lausekalt, und als wir einmal zu mehreren bis ungefähr fünf Uhr morgens noch zusammensitzen, hören wir die Feuerwehr vorbeifahren. Nach einer Weile kommt ein Kerl namens Kansas, von Beruf Spieler, und Kansas heißt er, weil er aus Kansas kommt.

»Das alte Brussels brennt«, sagt dieser Kansas.

»Da brennt's immer«, sagt Big Nig und meint, dass sich im Brussels immer heiße Szenen abspielen.

Und wer spaziert da herein? Wilbur Willard, und man sieht ihm schon von Weitem an, dass er mal wieder in anderen Sphären schwebt. Höchstwahrscheinlich kommt er geradewegs von Good Time Charley; jedenfalls ist er schwer angeschlagen. So abgefüllt habe ich Wilbur Willard noch nie gesehen. Lillian hat er nicht dabei, aber zu Good Time Charley nimmt er Lillian nie mit, denn Charley hasst Katzen.

»He, Wilbur«, sagt Big Nig, »deine Bude, das Brussels, steht in Flammen.«

»Gut«, sagt Wilbur, »ich bin ein Glühwürmchen, und ich brauche Licht. Lasst uns dahin gehen, wo Feuer ist.«

Das Brussels ist vom Mindy's nur ein paar Straßen entfernt, und da wir sonst gerade nichts zu tun haben, gehen die meisten mit uns zur Achten Avenue; Wilbur torkelt vor uns her. Als wir dort ankommen, sehen wir, dass die alte Bruchbude lichterloh brennt und die Feuerwehrleute Wasser hineinkippen und die Cops die Absperrseile ausgespannt haben, um die Zuschauer zurückzuhalten. Zu dieser frühen Morgenstunde sind aber nicht viele Zuschauer da.

»Ist das nicht wunderschön?«, sagt Wilbur Willard und schaut hoch in die Flammen. »Findet ihr nicht, es sieht aus wie ein Märchenschloss, wenn es so angezündet ist?«

Wilbur begreift nämlich nicht, dass die Bude brennt. Dabei kommen aus allen Ecken und Enden Jungs und Mädchen rausgerannt, die meisten halb oder gar nicht angezogen, und die Feuerwehrmänner legen für den Fall, dass jemand aus dem Fenster springen will, schon die Sprungtücher bereit.

»Wirklich, es ist wunderschön«, sagt Wilbur, »ich muss Lillian holen, damit sie es sich auch ansehen kann.«

Und noch bevor jemand kapiert, was Sache ist, wandert Wilbur Willard tatsächlich durch die Eingangstür des Brussels, als sei gar nichts. Die Feuerwehrleute und die Cops sind so verblüfft, dass sie Wilbur nur noch hinterherschreien können, aber er achtet nicht auf sie. Natürlich denken alle, das war's, jetzt ist er erledigt, aber nach zehn Minuten kommt er – kühl wie nichts durch Feuer und Rauch – durch ebendie Tür wieder heraus und hat Lillian im Arm.

»Wisst ihr«, sagt Wilbur, tritt auf uns zu, und wir stehn da, und uns fallen die Augen aus dem Kopf, »ich musste den ganzen Weg zu meiner Etage rauflaufen, weil der Aufzug offenbar außer Betrieb ist. Der Service in diesem Hotel wird immer schlechter. Sobald ich mal wieder einen Mietabschlag bezahlt habe, beschwere ich mich in aller Form bei der Direktion.«

Da stößt Lillian auf einmal ein lautes Miau aus und springt von Wilburs Arm, springt mit hohem Buckel an den uniformierten Herrschaften vorbei, und als Nächstes sehen wir, wie sie durch die Eingangstür des alten Hotels saust, und was hat sie für ein Höllentempo drauf.

»Ach ja«, sagt Wilbur und schaut sehr überrascht drein, »da geht sie hin, Lillian.«

Und was macht dieser Schwachkopf Wilbur Willard? Er marschiert stante pede ins Brussels zurück und ist, weil mittlerweile dichter Rauch aus der Eingangstür quillt, nach einer Sekunde nicht mehr zu sehen. Natürlich überrumpelt er die Polizisten und Feuerwehrleute, denn Männer, die an ihnen vorbei in Brände hineinlaufen und wieder herauskommen, sind sie nicht gewöhnt.

Diesmal wären alle, die da herumstehen, jede Wette eingegangen – zweieinhalb oder vielleicht auch drei zu eins –, dass Wilbur nie wieder zurückkommt, denn aus den unteren Fenstern des alten Brussels prasseln Feuer und Rauch, wenn es auch aussieht, als brenne es im oberen Stockwerk noch nicht so heftig. Offenbar sind alle raus aus dem Gebäude, doch die Spritzenmänner bekämpfen das Feuer weiterhin nur von außen, denn das Brussels ist so alt und baufällig, dass sie nicht so blöde sind, sich in die oberen Stockwerke zu wagen.

Ich meine, alle sind raus aus der Bude außer Wilbur Willard und Lillian, und wir sind fest überzeugt, dass sie drinnen gut durchgebraten werden. Nur Feet Samuels läuft rum und bietet Wetten von dreizehn zu fünf bei kleinem Einsatz, dass Lillian unverletzt rauskommt, denn Feet glaubt, dass eine Katze neun Leben hat, und zu dem Einsatz ist das dann eine faire Wette.

Da kommt auf einmal eine klasse Puppe, die sich über irgendwas ereifert, und drängt und boxt sich durch die Zuschauer bis zu den Seilen und schreit so laut, dass man sich kaum denken hören kann, und ungefähr im selben Moment hören wir alle eine Stimme, die Ei-li-hei-hi-hu ruft, jodelt wie ein Schweizer, und sie ertönt vom Dach des Brussels, und als wir aufschauen, was sehen wir da? Wilbur Willard steht oben am Rand des Daches, hoch über Feuer und Rauch und jodelt aus voller Kehle.

Unter einem Arm hat er ein merkwürdig großes Bündel und unter dem anderen den kleinen Jungen, den ich im Flur mit Lillian habe spielen sehen. Als er da oben steht und Ei-li-hei-hi-hu jodelt, fängt die todschicke Puppe neben uns noch lauter an zu kreischen, als Wilbur jodelt, und die Feuerwehrleute rennen zu der Stelle unter ihm und spannen das Sprungtuch auf.

Wilbur stößt noch ein Ei-li-hei-hi-hu aus, und schon schwebt er mit ausgestreckten Beinen und dem Bündel und dem Kleinen hinunter, doch in dem Tuch landet er im Sitzen und hüpft noch ein paarmal hoch und wieder runter, bevor er dann endlich ruhig sitzen bleibt. Wahrhaftig, Wilbur hat Spaß am Hüpfen und würde wahrscheinlich immer noch hüpfen, wenn die Feuerwehrleute nicht das Sprungtuch losgelassen und ihn auf der Erde abgesetzt hätten.

Da tritt Wilbur aus dem Tuch, und ich sehe, dass das Bündel eine zusammengerollte Decke ist, und aus dem einen Ende lugen Lillians Augen. Unter dem anderen Arm hat er immer noch das Kind, dessen Kopf nach vorn und dessen Beine nach hinten rausragen, und es sieht nicht so aus, als gehe Wilbur mit dem Kind so vorsichtig um wie mit Lillian. Da steht er, schaut die Feuerwehrleute höhnisch an und sagt schließlich:

»Glaubt ja nicht, dass ihr mich in eurem Netz fangen könnt, wenn ich es nicht will. Ich bin ein Schmetterling und sehr schwer zu überholen.«

Dann schmeißt sich plötzlich die schicke Puppe, die sich die Seele aus dem Leib gebrüllt hat, auf Wilbur, entreißt ihm das Kind und fängt an, es zu herzen und zu küssen.

»Wilbur«, sagt sie, »Gott segne dich, du hast mein Kind gerettet! Ach, danke schön, Wilbur, vielen Dank! Mein verflixter Mann hat ihn entführt und ist mit ihm weggelaufen, und meine Detektive haben erst vor ein paar Stunden herausgefunden, wo er ist.«

Wilbur schaut das Mädel ungefähr eine halbe Minute komisch an und will dann gehen, aber Lillian windet sich aus der Decke, sieht aus – und riecht auch so –, als hätte sie ganz schön gebrutzelt, und der Kleine sieht Lillian und fängt an, nach ihr zu krakeelen, sodass Wilbur Lillian schließlich dem Kleinen gibt. Und weil er nicht von Lillian weggehen will, steht Wilbur ein bisschen verdattert da, und das Mädel fängt an, auf ihn einzureden, und dann gehen sie endlich zusammen weg, und als sie gehen, trägt Wilbur den Kleinen, und der Kleine trägt Lillian, und Lillian geht es mit ihren Verbrennungen gar nicht gut.

Außerdem ist Wilbur wahrscheinlich nüchterner, als er zu so einer frühen Morgenstunde seit langen Jahren gewesen ist. Bevor sie gehen, kann ich aber gerade noch ein Wort mit ihm wechseln, als er immer noch ziemlich unzusammenhängendes Zeug redet, und seinen Sätzen entnehme ich, dass er Lillian das erste Mal, als er sie holen wollte, in seinem Zimmer gefunden, von dem Kleinen aber keine Spur gesehen und auch gar nicht an ihn gedacht hat, denn er weiß ja sowieso nicht, in welchem Zimmer er ist, darauf hat er ja noch nie geachtet.

Als er aber das zweite Mal raufkommt, erzählt Wilbur, schnüffelt Lillian an dem Spalt unter der Tür eines Zimmers auf demselben Flur, und wenn er sich recht erinnert, dann sieht er auch, wie ein Rinnsal, das aussieht wie Wasser, durch den Spalt sickert.

»Und«, sagt Wilbur, »weil ich nach einer Decke für Lillian suche und es garantiert nicht ohne ist, zu meinem Zimmer zurückzugehen, denk ich, ich kann mir ja eine aus diesem Zimmer holen. Ich rüttele an dem Türknauf, aber die Tür ist abgeschlossen. Da trete ich sie ein, und drinnen ist das ganze Zimmer voll Rauch, und durch die Fenster schießt das Feuer munter raus, und als ich mir für Lillian eine Decke von dem Bett schnappe, wer ist unter der Decke? Der Junge. Gut«, sagt Wilbur, »der Junge plärrt los, und Lillian miaut, und von dem ganzen Tohuwabohu werde ich nervös und denke, na, besser, wir gehen aufs Dach, lassen uns den Gestank abblasen und schauen uns das Feuer von dort an. Offenbar liegt auch ein Kerl auf dem Boden ausgestreckt in dem Zimmer neben einem umgekippten Tisch zwischen der Tür und dem Bett. Er hat eine Flasche in der Hand und ist tot. Natürlich bringt es nichts, einen Toten mitzuschleppen, also nehme ich Lillian und den Kleinen und gehe aufs Dach, und da fliegen wir mir nichts, dir nichts los wie Kolibris. Jetzt muss ich was trinken«, sagt Wilbur. »Hat wohl jemand einen Flachmann dabei?«

Na, am nächsten Tag, da sind die Zeitungen aber voll von Wilbur und Lillian, besonders von Lillian, und sie sind beide große Helden.

Aber lange erträgt Wilbur die öffentliche Aufmerksamkeit nicht, denn er hat ja überhaupt keine Zeit mehr für sich und einen ruhigen Tropfen zwischendurch. Alle paar Minuten kommen die Schreiberlinge und Fotografen angerannt und wollen seine Geschichte hören und noch mehr Bilder von ihm und Lillian knipsen. Also verschwindet er eines Nachts, und Lillian verschwindet mit ihm.

Ungefähr ein Jahr später hören wir, dass er sein altes Mädel, Lillian Withington-Harmon, geheiratet hat und zu einer Menge Kohle gekommen ist und, mehr noch, trocken und schlussendlich noch ein richtig braver, nützlicher Bürger geworden ist. Wir müssen also alle zugeben, dass schwarze Katzen nicht immer Pech bringen. Aber ich behaupte, dass Wilburs Geschichte doch eher eine Ausnahme ist, denn am Anfang weiß er ja gar nicht, dass Lillian eine schwarze Katze ist, er meint ja, sie ist ein Leopard.

Eines Tages treffe ich Wilbur zufällig, er trägt todschicke, gute Klamotten und sogar Schmuck und macht eine tolle Figur.

»Wilbur«, sage ich zu ihm, »immer wieder denke ich darüber nach, wie erstaunlich es ist, dass Lillian auf einmal eine solche Liebe zu dem kleinen Jungen entwickelt und sich daran erinnert, dass er noch im Hotel ist, und dich ein zweites Mal dort hinein und zu dem richtigen Zimmer führt. Wenn ich es nicht mit eigenen Augen gesehen hätte, würde ich nie glauben, dass eine Katze Grips genug hat, um so was zu machen, denn ich halte Katzen eigentlich für strohdumm.«

»Von wegen Grips«, sagt Wilbur, »Lillian hat nicht mal Grips genug, um einen Snowball zu mixen. Und den Kleinen, den mag sie nicht mehr als ein Hauskaninchen.

Die Zeit ist gekommen«, sagt Wilbur, »die Wahrheit über Lillian zu sagen. Sie kriegt so viel Lob, das ihr nicht zusteht. Ich erzähle dir jetzt was von ihr, und das weiß außer mir niemand. Hör zu«, sagt Wilbur. »Als Lillian noch ein Kätzchen war, hab ich immer ein bisschen Scotch in ihre Milch getan, teils, damit sie groß und stark wird, und teils, weil ich noch nie gern allein getrunken habe, höchstens, wenn wirklich keiner bei mir ist. Gut, zuerst mag Lillian den Scotch in ihrer Milch nicht besonders, doch allmählich findet sie Geschmack daran, und ich mach ihr ihren Cocktail immer stärker, bis sie schließlich ein anständiges Glas ohne Milch zum Nachspülen schleckt und dann noch nach mehr schreit. Und da begreife ich auf einmal, dass Lillian eine Schnapsdrossel geworden ist, genau wie ich damals, und dass sie ihren Stoff haben muss und nur, wenn sie rundum abgefüllt ist, die Pekinesen jagt und auch sonst die harte Katze markiert. – Das Feuer«, sagt Wilbur, »das ist ungefähr zu der Zeit ausgebrochen, zu der ich morgens immer nach Hause komme und Lillian ihren Whiskey gebe. Aber als ich das erste Mal ins Hotel gegangen bin und sie geholt habe, hab ich vergessen, sie abzufüllen, und sie läuft ins Hotel zurück, weil sie ihren Scotch will. Und der Grund, warum sie an der Tür des Kleinen schnüffelt, ist, dass durch den Spalt unter der Tür aus der Flasche in der Hand des Toten Scotch geflossen kommt. Ich hab das noch nie erzählt, weil ich finde, das tut dem Andenken des Toten Abbruch«, sagt Wilbur. »Denn Trinken ist wirklich eine widerliche Angewohnheit, besonders heimliches Trinken.«

»Aber wie geht es Lillian denn jetzt?«, frage ich Wilbur Willard.

»Ich bin sehr enttäuscht von ihr«, sagt er. »Sie hat sich geweigert, trocken zu werden, als ich trocken wurde, und das Letzte, was ich von ihr gehört habe, ist, dass sie sich mit Gregorio, dem italienischen Schnapsschmuggler, zusammengetan hat. Er hält sie die ganze Zeit gut unter Scotch, damit sie dem Pekinesen seiner Blondine ein Hundeleben bereitet.«

Jana Scheerer

Die Katze Muschi

Das ist genau der richtige Auftrag für dich«, sagte
Amelie und sah sich den Spliss an ihren Haarspitzen an, »du kommst doch aus Ostfriesland!«

»Fast«, sagte ich, »es ist nur fast Ostfriesland.«

»Wie auch immer.« Amelie nahm sich die Schere vom
Schreibtisch und schnitt ein Stück der Haarspitzen ab.
»Du fährst nach Dangast und sprichst mit dieser Schäfe-
rin, die hat hundert Schafe und eine Katze. Das wird der
Anfang unserer neuen Serie *Frauen und ihre Katzen*. Ge-
nial, was? Katzen sind so was von frauenaffin!«

Ich, hätte ich gerne gesagt, bin aber alles andere als kat-
zenaffin, und dangastaffin fühle ich mich momentan auch
nicht. Aber ich wollte nicht einen von Amelies berühmten Nervenzusammenbrüchen auslösen, bei denen sie sich
wild mit der Schere in den Haaren herumschnitt und »ich
kann nicht mehr!« schrie.

»In Ordnung«, sagte ich.

Als ich zwei Tage später in Dangast aus dem Bus stieg,
regnete es in Strömen. Das wunderte mich wenig, fast alle
meine Kindheitserinnerungen waren irgendwie mit Regen verbunden: Meine Mutter und ich im Frühling beim
Spazierengehen im gelben Ostfriesennerz am Strand, mein
Bruder und ich im Sommer beim Bootfahren in unserem

überschwemmten Garten, meine beste Freundin und ich im Winter beim Schlittschuhlaufen in unserem überschwemmten und dann überfrorenen Garten.

Die Schäferin wohnte etwas außerhalb, ich nahm ein Taxi. »Oha!«, sagte der Taxifahrer, als ich ihm die Adresse nannte. Den Rest der Fahrt schwieg er. Nach einer Viertelstunde hielt er vor einem einsamen, leicht verfallenen Häuschen. Zum Abschied wünschte er mir viel Spaß.

»Danke«, sagte ich und ging durch den matschigen Garten zur Haustür. Weil ich keine Klingel finden konnte, klopfte ich. Die Frau, die mir öffnete, war einen Kopf kleiner als ich und sah ziemlich alt aus.

»Hallo«, sagte sie, »schön, dass Sie da sind! Muschi und ich freuen uns schon auf Sie!« Sie zog mich ins Haus. Im Flur nahm sie mir meinen Regenschirm ab. »Muschi«, sagte sie, »wartet dort in der Stube.« Sie zeigte auf eine kleine, rot gestrichene Tür. »Gehen Sie ruhig schon vor, ich stell nur eben den Schirm ins Badezimmer!«

Ich öffnete die rote Tür. Dahinter war ein kleines Zimmer, in dem ein dunkelgrünes Sofa und ein passender Sessel standen. Zwischen Sessel und Sofa lag ein großes blaues Kissen. Auf dem Kissen lag ein Schaf. Das Schaf sah mich kurz gelangweilt an, dann legte es den Kopf auf die Vorderhufe und schloss die Augen. Ich setzte mich auf das Sofa, möglichst weit entfernt von dem Schaf auf dem Kissen.

Nach einer Weile kam die Frau mit einem Tablett herein. »Muschi«, sagte ich zu ihr, »ist wohl doch noch gar nicht hier.«

Die Frau stellte zwei Gläser Tee und eine Schale Kandiszucker auf den Couchtisch. »Wieso?«, sagte sie und zeigte auf das Kissen, »da liegt sie doch!« Ich sah das Schaf auf dem Kissen an.

»Ach so.«

»Ja, ja«, sagte die Frau, »meine Muschi ist etwas scheu.« Sie ging zum Kissen und kraulte das Schaf unterm Kinn. Das Schaf schnurrte. Ich schaufelte Kandiszucker in meinen Tee. »So«, sagte die Frau, »nun fragen Sie mal.«

»Ja«, sagte ich und holte den Zettel mit den Fragen aus meiner Tasche. *Seit wann haben Sie Ihre Katze?* stand dort als erste Frage. »Seit wann«, fragte ich die Frau, »haben Sie Muschi denn schon?«

»Muschi«, sagte die Frau, »ist mir als ganz kleines Kätzchen zugelaufen. Stimmt's, Muschi?« Das Schaf nickte.

Ich schrieb *lange* auf meinen Zettel. *Warum eine Katze und kein Hund?* war die nächste Frage auf meinem Blatt. Ich sah das Schaf an. »Und was«, fragte ich die Frau, »fasziniert Sie gerade an diesem Tier?«

»Katzen«, sagte die Frau, »sind einfach ganz anders als zum Beispiel Schafe. Und als Schäferin habe ich ja ständig mit Schafen zu tun.«

»Was«, fragte ich, »sind denn so die Unterschiede?«

Die Frau lehnte sich zurück und sah eine Weile ins Leere. »Schafe«, sagte sie dann, »sind dumm.« Ich sah zu dem Schaf auf dem Kissen herüber. Es nickte. »Katzen dagegen«, sagte die Frau, »haben Verstand.« Das Schaf lächelte. »Und einen eigenen Willen.« Das Schaf grinste. »Außerdem«, sagte die Frau, »kann man mit Katzen so schön spielen!« Sie zog eine Schublade an der Kommode hinter dem Sessel auf und holte einen langen Faden hervor, an dessen Ende eine Stoffmaus gebunden war. Die

Maus ließ sie vor den Augen des Schafs hin- und her-
tanzen. Das Schaf beobachtete die Maus eine Weile, dann
schnellte es vor und packte die Maus mit beiden Hufen.
»Das macht Muschi Spaß!«, sagte die Frau. »Und mir
auch.« Sie lächelte das Schaf an, das die Maus inzwischen
im Maul hatte.

»Und welche Eigenschaften«, fragte ich, »finden Sie an
Muschi besonders liebenswert?«

»Wenn ich über der Steuererklärung sitze oder einen
Brief schreiben möchte, springt sie auf meinen Schreibtisch und setzt sich genau auf das Papier, an dem ich gerade arbeite. Ist das nicht süß?«

Ich stellte mir vor, einen Brief zu bekommen, auf dem
ein Schaf gesessen hatte. »Ja, sehr süß«, sagte ich. Die
Frau strahlte. Das Schaf auch.

»Wollten Sie nicht auch Fotos machen?«, fragte sie
dann.

»Äh, ja«, sagte ich und holte die Kamera aus der
Tasche.

»Wie wäre es, wenn ich Muschi dafür auf den Schoß
nehme?«

Ich sah erst das Schaf und dann die Frau an. »Wenn das
geht?«

»Aber natürlich«, sagte die Frau, klatschte zweimal in
die Hände und rief »Muschi!«. Das Schaf stand auf, nahm
etwas Anlauf und sprang auf ihren Schoß. »Uff«, sagte
die Frau, als das Schaf auf ihr landete. Sie war kaum noch
darunter zu sehen. Nur ihre Hand, mit der sie das Schaf
zwischen den Ohren kraulte, und ihre Beine ragten unter
dem Schaf hervor.

»Sehr schön«, sagte ich, »genau so bleiben!« Ich hockte

mich ein paar Schritte vor dem Sessel auf den Boden und schaute in den Sucher, bis ich einen weißen Haufen mit zwei Beinen erkennen konnte. Während ich ein paarmal auf den Auslöser drückte, überlegte ich, wie man das Schaf am besten herausretuschieren könnte, um eine Katze dafür einzusetzen. Eine sehr große natürlich.

»Och«, sagte die Frau, als ich mit dem Fotografieren fertig war, »das war's schon?« Ihre Stimme klang unter dem Schaf seltsam dumpf.

»Ja«, sagte ich, »ich bin sicher, das werden tolle Bilder!«

Als das Schaf wieder auf seinem Kissen lag, stand die Frau auf. »Ich muss Muschi jetzt was zu essen machen«, sagte sie und ging hinaus. Ich schaute das Schaf an. Das Schaf sah mir direkt in die Augen. Ich beugte mich ganz tief zu ihm herunter, sodass sein Gesicht nur ein paar Zentimeter von meinem entfernt war.

»Was ich dir jetzt zu sagen habe«, sagte ich sehr leise und sehr deutlich, »ist sehr, sehr wichtig für dich: Du bist ein Schaf! Ein Schaf, verstehst du? Du müsstest draußen auf der Weide sein und mit deinen Schafskumpels Gras fressen. Du müsstest dabei blöken und auf den Deich kacken. Du bist ein Schaf!« Das Schaf sah mich verständnislos an. »Pass auf«, sagte ich, »ich weiß nicht, warum diese Verrückte dir das antut, aber es ist falsch. Sie macht dich zur Katze, obwohl du ein Schaf bist!« Das Schaf schaute immer blöder. »Du bist ein Schaf!«, konnte ich ihm gerade noch zuraunen, dann rief die Frau »Muschi!«. Das Schaf miaute, sprang auf und lief aus dem Zimmer. Ich ging hinterher.

In dem Zimmer, in das Muschi lief, stellte die Frau gerade einen Napf auf den Boden. »Hier mein Liebling«, sagte sie, »dein Whiskas.« Mir wurde schlecht.

»Muschi«, sagte ich, »frisst Katzenfutter?«

»Ja, was denn sonst?« Die Frau sah mich erstaunt an. Hinter ihr war ein großes Loch in der Wand ausgeschnitten.

»Was ist denn das?«, fragte ich sie, um auf andere Gedanken zu kommen.

»Das ist Muschis Katzenklappe, damit sie kommen und gehen kann, wie sie möchte.« Muschi aß schmatzend ihr Whiskas.

»Ich«, sagte ich, »muss jetzt dringend los.«

»Wollen Sie nicht erst ein Taxi rufen? Es regnet immer noch in Strömen!« Die Frau sah besorgt aus dem Fenster.

»Nein«, sagte ich, »ich laufe.«

An der Tür hielt die Frau mich fest. »Vielleicht«, flüsterte sie, »ist Ihnen aufgefallen, dass Muschi in Wirklichkeit ein Schaf ist.«

Ich sah sie an. »Ja.«

Die Frau sah sich um. »Wissen Sie«, sagte sie, »es ist ihr so furchtbar wichtig. Sie möchte eben einfach eine Katze sein. Irgendwie kann man das doch auch verstehen, oder nicht? Deshalb tue ich ihr den Gefallen. Und wenn sie jetzt sogar in Ihre Zeitschrift käme … das wäre so eine große Freude für sie!« Ich starrte die Frau an. »Katze sein«, sagte sie, »ist keine Frage der Biologie. Katze sein ist eine Lebensart!« Dann gab sie mir die Hand und machte die Tür hinter mir zu.

Ich war schon ein Stück im Regen gelaufen, als ich merkte, dass sie mir meinen Schirm nicht zurückgegeben hatte. Ich ging nicht zurück. Während ich immer nasser wurde, überlegte ich, wie ich Amelie die Katze Muschi verkaufen sollte. Auf jeden Fall, dachte ich, nehme ich ihr als Erstes die Schere weg.

Thomas Brown

Eine wahre Geschichte

Ein Herr, hatte eine Katze, die vier, fünf Tage, nachdem eine Henne eine Schar Küken ausgebrütet hatte, ebenfalls Junge warf. Da er immer nur eine Katze wollte, wurden die Jungen alle ertränkt, doch am selben Tag verschwanden die Katze und ein Küken. Man suchte sofort gründlich an jedem nur erdenklichen Ort sowohl innerhalb als auch außerhalb des Hauses, doch erfolglos. Beiden musste ein Unglück zugestoßen sein. Doch als vier Tage später der Diener in einen selten aufgesuchten Teil des Kellers gehen musste, entdeckte er zu seiner großen Verblüffung, dass die Katze in einer Ecke lag und das Küken dicht an den Körper gepresst und eine Pfote über es gelegt hatte, als wolle sie es vor Schaden bewahren. Die Katze und das adoptierte Küken wurden in einen Wandschrank in der Küche gebracht, wo sie einige Tage verblieben und die Katze das Küken in jeder Hinsicht wie ein Kätzchen behandelte. Immer wenn es von ihr wegging, um zu fressen, war sie äußerst besorgt und empfing es bei seiner Rückkehr voll mütterlicher Zuneigung, drückte es an sich, und schnurrte glücklich. Brachte man das Küken zu der Henne, lief es sofort zur Katze zurück. Als es bei einem Unfall ums Leben kam, aß die Katze mehrere Tage lang nichts und war untröstlich über den Verlust.

Margit Schreiner

Mitzo

Meine Katze heißt Mitzo. Ich habe sie bekommen, weil wir nach Italien gezogen sind. Vorher haben wir in Berlin gewohnt. Mama hat einmal zu einer Freundin am Telefon gesagt, dass ich durch den Umzug alles verloren habe. Deshalb bräuchte ich eine Katze, um nicht durchzuknallen. Na ja, alles habe ich nicht verloren. Mein Zimmer schon, aber nicht, was in dem Zimmer drin war. Das haben wir nämlich fast alles mitgenommen. Einiges nicht. Aber es fällt mir jetzt nichts ein, was wir nicht mitgenommen haben, wahrscheinlich, weil es nicht da ist. Meine beste Freundin Nora zum Beispiel ist nicht da, das fällt mir schon ein. Aber dann fällt mir auch sofort der viele Ärger ein, den ich mit Nora hatte. Dass sie zum Beispiel im Stockbett immer oben schlafen durfte, wenn ich bei ihr übernachtet habe, und ich musste unten schlafen. Und wenn sie bei mir war, dann hat sie geheult und wollte zu ihrer Mama.

Aber ich wollte ja über Mitzo sprechen. Das mit dem Namen kam so: Wir dachten zuerst, Mitzo ist weiblich, und nannten sie Mizzi. Aber dann hat sich herausgestellt, dass Mizzi männlich ist, deshalb heißt er jetzt Mitzo. In Italien haben die Männernamen nämlich fast alle ein o hinten dran.

Eigentlich ist Mitzo gar nicht meine Katze. Eigentlich ist er Mamas Katze. Wenn niemand dabei ist, gurrt sie ihn an und sagt *Mitzolein* zu ihm oder *Mitzohasi*. Sie gurrt: *Na, mein kleines Mitzolein, hat Hunger, was?* Oder sie gurrt: *Ja, mein Mitzohasi will zu seinem Frauli.* Genau so sagt sie es. Ich schwör's. Das würde sie aber nie zugeben. Wenn Sie jetzt hergehen und ihr das erzählen würden, würde sie es glatt abstreiten. Zu Papa hat Mama nie Hasilein gesagt. Papa hat sie immer beim Nachnamen genannt.

Mama sagt, Mitzo braucht unheimlich viel Liebe. Deshalb miaut er so viel. Sie sagt, Mitzo miaut nur, wenn er Liebe braucht. Es ist ihm nämlich zu blöd zu miauen, wenn er bloß etwas zu fressen haben will, sagt sie. Sie sagt, dann schaut er sie nur stumm an. Wenn er miaut, sagt sie, dann will er auf den Arm genommen werden. Sie nimmt ihn jedenfalls immer gleich auf den Arm, wenn er mal miaut. Mitzo wirft sich ihr dabei entgegen. Und schnurrt wie ein Rasenmäher. Sie streichelt ihn. Aber Mitzo ist nie zufrieden damit. Das ist ein Charakterzug von ihm: Wenn er es besonders schön hat, dann will er es immer noch schöner haben. Deshalb versucht er, der Mama das Gesicht abzuschlecken. Die Mama will das aber nicht. Sie sagt, dass er dann so einen verschwommenen Blick kriegt und schmale Augen (das stimmt!). Sie sagt, dass er dann richtig fies ausschaut. (Das stimmt auch!) Und wenn er ihr Gesicht erwischt, beißt er sie in den Mund oder in die Nase (*vor Liebe*, sagt Mama. Ich weiß nicht, ob das stimmt.). Mich beißt er auch. Anfangs hat er mich kaum gebissen, aber neuerdings beißt er mich täglich. Mama sagt, dass es deshalb ist, weil ich ihn immer herumtrage. Und wenn er weg will, halte ich ihn ganz fest und küsse ihn. Manchmal werde ich sehr wütend auf ihn. Zum Beispiel, wenn ich im Bett liege und er springt auf meine Bettdecke und kommt zu mir und schnurrt, aber ich darf ihn nicht streicheln. Wenn ich ihn trotzdem streichle, faucht er und kratzt und beißt mich. Wenn er mich gekratzt und gebissen hat, dann springt er mit einem Riesensatz aus dem Bett und setzt sich in eine Ecke. Aber kurz darauf kommt er zurück und schnurrt wieder. Sobald ich ihn berühre, geht es wieder von vorne los. In der Nacht will er auf meinem Kopfkissen schlafen. Mir lässt er überhaupt keinen Platz. Aber ich darf ihn keinen Zentimeter wegschieben. Er kratzt und beißt mich dann. Ich finde das sehr ungerecht. Der Mitzo darf alles, und ich darf nichts. Schön langsam wird mir das zu blöd. Immer ist er der kleine Kater, und ich soll aufpassen. Anfangs, als er Mama so auf die Nerven ging, weil er sich nachts immer auf *ihr* Kopfkissen gelegt hat und *sie* nicht schlafen konnte und sie ihn dann rausgesperrt hat, in die Küche, wo er schlafen sollte, aber er hat nicht geschlafen, sondern sehr laut miaut, weil er das nicht gewöhnt war, dass man ihn aussperrt, da hab ich ihn immer verteidigt. Ich hab zur Mama gesagt, dass er noch ein kleiner Kater ist und es nicht besser weiß und dass er ja nichts Böses tut, nur eben neben ihrem Gesicht schlafen will, weil er seine Mama sucht und die ihm fehlt. Aber die Mama hat ihn trotzdem ausgesperrt. Manchmal bin ich in der Nacht aufgestanden und habe ihn heimlich in mein Zimmer gelassen, und ich habe es immer ausgehalten, dass er mein ganzes Kopfkissen braucht und mir überhaupt keinen Platz lässt. Manchmal hat er sich um meinen Hals gelegt.

Das habe ich besonders gerne gehabt. Er war dann wie ein warmer Schal. Deshalb finde ich es so ungerecht von ihm, wenn er mich jetzt dauernd beißt oder kratzt.

Früher habe ich ihn sogar dressiert. Sonntags vormittags, wenn alle noch geschlafen haben. Er kann aus dem Stand eineinhalb Meter hoch springen. Wenn man mitten im Zimmer ein Seidentuch ausbreitet, legt er sich drauf. Ein guter Tormann ist er auch. Die Nummer mit dem Puppenwagen hat er nie besonders gemocht. Aber gekratzt und gebissen hat er mich eigentlich nicht.

Der Papa war auch ein bisschen enttäuscht von Mitzo. Am Anfang hat er sich auf die Couch gelegt und den Mitzo auf seine Brust gesetzt. Er hat gedacht, der Mitzo wird jetzt mit seinen Hemdknöpfen spielen und schnurren. Aber der Mitzo hat ihn nur blöd angeschaut, und dann ist er mit einem Riesensprung abgehauen. Der Mitzo interessierte sich überhaupt nicht für Papas Hemdknöpfe.

Am meisten interessiert er sich eigentlich für Fliegen. Das finde ich besonders toll, wenn er Fliegen fängt. Er fängt sie überall. Wenn er eine Fliege sieht, ist ihm alles egal. Er rennt dann über den gedeckten Tisch oder übers Telefon und über Papas Schreibmaschine. Die Mama sagt, dass er dann gar außer sich ist. Oder sie sagt, dass er beim Fliegenfangen ganz bei sich ist. Ich weiß nicht, manchmal redet die Mama schon komisch über den Mitzo. Sie kann doch gar nicht reinschauen in ihn. Sie versteht ja die Katzensprache nicht und alles.

Also, wenn der Mitzo eine Fliege sieht, dann krächzt er. Er macht einen breiten Mund, die Schnurrbarthaare zucken, und er krächzt eben wie ein Rabe. Wir schauen dann alle nach, wo die Fliege ist. Manchmal sehen wir sie gar nicht, aber er sieht sie immer. Während er krächzt, macht er einen langen Hals. Seine Schwanzspitze zuckt, was ich blöd finde, weil wenn die Fliege das sieht, ist sie gewarnt. Ich weiß auch nicht, warum die Fliegen das nie sehen. Wahrscheinlich sind sie zu dumm. Wenn er gekrächzt und gezuckt hat, schleicht er sich an. Wie ein Indianer. Ganz lautlos. Ganz langsam. Ganz leise. Das macht er wirklich toll. Die Augen reißt er auf dabei. Die Fliegen sind so dumm, die kommen ihm manchmal direkt entgegen. Die merken nicht, dass er sich anschleicht. Die rennen hin und her und putzen sich auch noch, direkt vor seinen Augen. Ich glaube, das ärgert ihn. Irgendwann springt er los. Oft fällt dann ein Teller vom Tisch oder eine Vase. Einmal hat er eines von Papas bunten Weingläsern kaputtgemacht! Papa hat sich furchtbar aufgeregt.

Trotzdem glaube ich nicht, dass das der Grund war für unsere Abreise. Eines Tages hat Mama jedenfalls bei Weitem nicht alles eingepackt, was wir in Italien hatten, nur das Nötigste, hat sie gesagt, und das Nötigste waren zwei Koffer und drei Kisten, der Staubsauger, unsere Betten, der Mitzo und ich, und dann sind wir aus Italien abgehauen. Jetzt leben wir in Österreich. Ohne Papa. Mitzo ist irgendwie zufriedener hier, kommt mir vor. Er geht mit erhobenem Schwanz durch die ganze Wohnung und schaut stolz um sich. Nur dass er fast noch bissiger geworden ist, finde ich. Nachts liegt er meistens bei Mama im Bett. Er hat sein eigenes Kopfkissen. Mama sagt, manchmal faucht er schon, wenn sie sich nur in ihrer Betthälfte umdreht.

Charles Dudley Warner

Kater Calvin

Calvin ist tot. Sein Leben, lang für ihn, wenn auch kurz für uns übrige, zeichnete sich nicht durch aufregende Abenteuer aus, doch sein Charakter war so ungewöhnlich, seine Tugenden so nachahmenswert, dass ich von denen, die ihn persönlich kannten, gebeten worden bin, meine Erinnerungen an seine Erdentage niederzuschreiben.

Seine Herkunft und seine Vorfahren blieben im Dunkeln; sogar sein Alter ließ sich nur vermuten. Obwohl er der Rasse der Russisch Blauen angehörte, habe ich Grund zu der Annahme, dass er von Geburt Amerikaner war, wie offenkundig auch von Gesinnung. Calvin wurde mir vor acht Jahren von Mrs. Stowe gebracht, doch auch sie wusste nichts über sein Alter oder seine Herkunft. Er kam eines Tages aus der großen weiten Welt in ihr Haus spaziert und wurde sofort heimisch, als wäre er schon immer ein Freund der Familie gewesen. Er schien literarische Neigungen zu haben, und es war, als hätte er sich an der Haustür erkundigt, ob dies das Domizil der Autorin von *Onkel Toms Hütte* sei, und als das bejaht wurde, beschlossen, sich dort niederzulassen. Das ist natürlich freie Erfindung, denn sein Vorleben war gänzlich unbekannt, aber in jenen Jahren gab es kaum einen

Hausstand, in dem er nicht Gespräche über *Onkel Toms Hütte* mit angehört hätte. Als er zu Mrs. Stowe kam, war er schon ausgewachsen und nicht mehr jung. Doch zeigte er keinerlei Anzeichen des Alters; er stand in der glücklichen Reife all seiner Kräfte, und man könnte durchaus sagen, dass er in dieser Reife das Geheimnis ewiger Jugend gefunden hatte. Es fiel ebenso schwer zu glauben, dass er je greisenhaft werden könnte, wie sich vorzustellen, dass er je einmal kindlich unreif gewesen war. Er besaß eine geheimnisvolle Alterslosigkeit.

Nach einigen Jahren, als Mrs. Stowe den Winter regelmäßig in Florida verbrachte, kam Calvin zu uns. Vom ersten Augenblick an fügte er sich in die Gepflogenheiten des Hauses und nahm eine anerkannte Stellung in der Familie ein – eine anerkannte, sage ich, denn nachdem unsere Gäste ihn kennengelernt hatten, erkundigten sie sich stets nach ihm, und in Briefen an die anderen Familienmitglieder wurde immer ein Gruß an ihn aufgetragen. Obgleich das unaufdringlichste aller Wesen, machte sich seine Persönlichkeit stets bemerkbar.

Seine äußere Erscheinung hatte viel damit zu tun, denn er war von königlichem Gepräge und erweckte den Eindruck vornehmer Erziehung. Er war stattlich, hatte aber nichts von der Dickleibigkeit der berühmten Angorafamilie; obschon kräftig, war er von anmutiger Gestalt und in jeder seiner Bewegungen so graziös wie ein junger Leopard. Wenn er sich aufrichtete, um eine Tür zu öffnen – er konnte alle Türen mit altmodischen Riegeln öffnen –, war er von enormer Größe, und wenn er sich auf dem Kaminvorleger ausstreckte, schien er zu lang für diese Welt zu sein – was er ja durchaus auch war. Sein Fell war so seidig und weich, wie ich es noch nie gesehen habe, und wies eine gedämpfte bläulich-graue Farbe auf; aber von der Kehle abwärts, vom Bauch bis zu den weißen Spitzen seiner Füße, trug er den weißesten und erlesensten Hermelin; und niemand war je von sorgfältigerer Reinlichkeit. Seinem edel geformten Kopf sah man etwas von seinem noblen Charakter an; die Ohren waren klein und glatt gerandet, seine Nase wies einen Hauch von Rosa auf, er hatte ein hübsches Gesicht, und seine Miene war ungemein intelligent – ich würde sie sogar hold nennen, wenn dieser Ausdruck nicht mit der Wachheit und der Klugheit, die sich in seinen Zügen spiegelten, unvereinbar wäre.

Es fällt schwer, ein treffendes Bild von seiner Fröhlichkeit zu geben, bei all seiner ernsten Würde, wie sie auch in seinem Namen zum Ausdruck kam. Da wir nichts von seiner Familie wussten, war Calvin selbstverständlich sein Vorname. Er kannte Zeiten, da überließ er sich völlig der Verspieltheit, hatte seine Freude an einem Garnknäuel, griff im Spaß nach losen Bändern, wenn seine Herrin bei der Toilette war, und jagte ausgelassen seinen eigenen Schwanz, wenn sich nichts Besseres bot. Er konnte sich stundenlang allein vergnügen, und er mochte Kinder nicht; vielleicht war ihm etwas aus seiner Vergangenheit in Erinnerung geblieben. Er besaß keine einzige schlechte Angewohnheit und war von angenehmer Ausgeglichenheit. Ich habe ihn nie ausgesprochen wütend erlebt, obwohl ich gesehen habe, wie sein Schwanz sich zu enormer Größe aufplusterte, wenn eine fremde Katze sich auf seinen Rasen verirrte. Er hegte eine Abneigung gegen Katzen, hielt sie offenbar für falsch und treulos und mochte nichts mit ihnen zu tun haben. Gelegentlich war aus dem Gebüsch ein Nachtkonzert zu vernehmen. Dann bat Calvin, dass ihm die Tür geöffnet würde, darauf hörte man eine kurze Jagd und ein »Pfchst«, und das Konzert explodierte. Sodann kam Calvin ruhig zurück und nahm wieder seinen Platz am Kamin ein. In seinem Verhalten lag keine Spur von Zorn, aber in der Nähe des Hauses duldete er dergleichen nicht. Er besaß die seltene Tugend der Großherzigkeit. Obwohl er festgefügte Vorstellungen von seinen Rechten hatte und außerordentliche Hartnäckigkeit aufbrachte, um sie durchzusetzen, verlor er nie die Contenance, wenn sie ihm vorenthalten wurden. Er bestand einfach beharrlich auf seiner Forderung, bis er bekam, was er wollte. Bei seinem Speiseplan hielt er es wie die Studenten mit ihren Lexika – nur das Beste war gut genug.

Er wusste ebenso gut wie jeder andere, was im Haus war, und er lehnte Rindfleisch ab, wenn Pute zu haben war, und wenn es Austern gab, wartete er mit der Pute ab, um zu sehen, ob die Austern seines Wegs kamen. Dabei war er kein üppiger Schlemmer; er aß sogar Brot, wenn er sah, dass ich welches aß, und er hatte dabei nicht das Empfinden, zu kurz zu kommen. Seine Essgewohnheiten waren ebenfalls vornehm; er benutzte nie ein Messer, und wenn er die Hand ausstreckte und die Gabel zu seinem Mund hinunterzog, dann tat er es so formvollendet wie ein Erwachsener. Wenn keine besondere Notwendigkeit dafür bestand, mochte er nicht in der Küche essen, sondern bestand darauf, seine Mahlzeiten im Esszimmer einzunehmen, und wartete stets geduldig, es sei denn, ein Fremder war anwesend; dann setzte er unweigerlich dem Besucher zu, in der Hoffnung, dass der Betreffende die Regeln des Hauses nicht kannte und ihm etwas geben würde. Es wurde behauptet, dass er als Tischtuch auf dem Fußboden einer gewissen, wohlbekannten anglikanischen Kirchenzeitung den Vorzug gab; aber der das äußerte, war ein Episkopale. Soweit ich weiß, hegte er keine religiösen Vorurteile, außer dass er sich nicht mit Katholiken gemein machen mochte. Den Dienstboten begegnete er duldsam, denn sie gehörten zum Haus, und er verweilte manchmal in der Nähe des Küchenherdes; aber sowie Besucher kamen, stand er auf, öffnete die Tür und spazierte in den Salon. Denn er genoss die Gesellschaft ihm Ebenbürtiger und zog sich nie zurück, ganz gleichgültig, wie viele Besucher – die er als seinem Stand zugehörig anerkannte – sich im Salon einfanden. Calvin war gerne in Gesellschaft, aber er wollte sie sich aussuchen; und ich habe keine Zweifel, dass seine Vorlieben von aristokratischen Gesichtspunkten bestimmt waren und nicht von Glaubensfragen. Jedenfalls verhielt er sich gegenüber den meisten Menschen so.

Calvins Intelligenz war phänomenal, zumal für seinen Lebenskreis. Er hatte eine Methode entwickelt, uns seine Bedürfnisse und sogar einige seiner Gefühle mitzuteilen; und er wusste sich in vielerlei Dingen zu behelfen. In einem abgelegenen Zimmer, in das er sich immer zurückzog, wenn er allein sein wollte, befand sich eine Heizungsklappe, die er öffnete, wenn er mehr Wärme wünschte; aber er machte sie anschließend nie zu, ebenso wenig, wie er je eine Tür hinter sich zumachte. Er konnte nahezu alles, nur nicht sprechen; und man wollte manchmal behaupten, dass in seinem intelligenten Gesicht das rührende Verlangen zu lesen stand, auch das zu können. Es ist nicht meine Absicht, seine guten Eigenschaften zu übertreiben, aber wenn es eine gab, die mehr als alle anderen hervorstach, dann war es seine Liebe zur Natur. Er konnte sich stundenlang damit zufriedengeben, aus einem niedrigen Fenster zu schauen, die Talsenke und die hohen Bäume zu betrachten und die kleinste Bewegung wahrzunehmen; sein größtes Vergnügen war, mich auf einem Gang durch den Garten zu begleiten, den Vögeln zu lauschen, den Geruch der frischen Erde einzuatmen und den Sonnenschein zu genießen. Er folgte mir und tollte umher wie ein Hund, wälzte sich auf dem Rasen und zeigte seine Freude auf hunderterlei Weise. Wenn ich arbeitete, saß er in der Nähe und beobachtete mich oder sah über den Abhang ins Weite, hielt dabei die Ohren offen für das Gezwitscher in den Kirschbäumen. Wenn es draußen stürmte, war er zuverlässig am Fenster zu finden, hielt aufmerksam nach den Regentropfen oder den Schneeflocken Ausschau und begleitete ihr Fallen unablässig mit den Augen. Ein winterlicher Schneesturm bereitete ihm stets besondere Freude.

Ich zögere, von seiner Fähigkeit zur Freundschaft und von seiner Anhänglichkeit zu sprechen, denn ich weiß, bei seinem zurückhaltenden Wesen wäre ihm das gar nicht recht. Wir verstanden uns aufs Innigste, aber wir machten nie viel Aufhebens davon; wenn ich seinen Namen rief und mit den Fingern schnippte, kam er zu mir; wenn ich abends heimkehrte, wartete er mit Sicherheit am Gartentor auf mich, stand auf und schlenderte den Weg entlang, als hätte er sich rein zufällig eingefunden – so sehr scheute er sich im Allgemeinen, seine Gefühle zu zeigen; und wenn ich die Haustür öffnete, huschte er nie hinein wie eine Katze, sondern trödelte und tändelte, als sei es eigentlich nicht seine Absicht, hineinzugehen, sondern als lasse er sich zögernd dazu herbei. Denn er wusste ganz genau, dass das Abendessen bereitet war und er sich dafür einfinden musste. Er hielt sich peinlich an die Abendbrotzeit. Es kam manchmal während unserer Abwesenheit im Sommer vor, dass das Abendbrot früher als sonst aufgetragen wurde und dass Calvin, der im Garten spazieren ging, es versäumte und zu spät hereinkam. Doch am zweiten Tag unterlief ihm dieser Fehler nicht mehr. Es gab etwas, was er nie tat – er huschte nie eilig durch eine offene Tür. Er vergaß nie seine Würde. Wenn er darum bat, dass ihm eine Tür geöffnet wurde, wollte er zwar hinaus, doch er schritt immer gelassen hindurch; ich sehe ihn immer noch vor mir, wie er auf der Türschwelle stand und in den Himmel schaute, als überlegte er, ob es sich lohnte, einen Regenschirm mitzunehmen, bis ihm fast der Schwanz eingeklemmt wurde.

Seine Freundschaft zeichnete sich eher durch Beständigkeit als durch demonstrative Überschwänglichkeit aus. Als wir von einer nahezu zweijährigen Abwesenheit zurückkehrten, begrüßte er uns mit offenkundiger Freude, die sich aber in stiller Zufriedenheit äußerte, nicht in Ausgelassenheit. Dank ihm waren wir froh, wieder zu Hause zu sein. Es war seine Beständigkeit, die ihn so liebenswert machte. Er war gern in Gesellschaft, aber er mochte nicht gestreichelt oder gehätschelt werden oder auch nur einen Augenblick lang auf irgendjemandes Schoß sitzen; solchen Vertraulichkeiten entzog er sich immer mit Würde und ohne jede Gereiztheit. Und wenn es doch einmal nicht ohne Zärtlichkeiten abging, so wollte er derjenige sein, der sie anderen erwies. Oft saß er da und sah mich an, schließlich, von zarter Zuneigung bewegt, kam er und zupfte an meinem Jackett und meinem Ärmel, bis er mein Gesicht mit seiner Nase berühren konnte, dann ging er zufrieden fort. Er hatte die Angewohnheit, vormittags in mein Arbeitszimmer zu kommen, stundenlang still neben mir oder auf dem Schreibtisch zu sitzen und zuzuschauen, wie die Feder über das Papier eilte, gelegentlich mit einem Schwung seines Schwanzes die Tinte abzulöschen und dann auf den Papieren neben dem Tintenfass einzuschlafen. Oder, was seltener vorkam, er saß auf meiner Schulter und sah mir beim Schreiben zu. Das Schreiben war für ihn stets ein interessanter Vorgang, und ehe er ihn verstand, versuchte er, die Feder festzuhalten.

Er bewahrte immer eine gewisse Zurückhaltung vor seinem Freund, als hätte er gesagt: »Wir wollen uns gegenseitig respektieren und uns nicht allzu gemein machen.« Wie Emerson sah er die Gefahr, Freundschaft zu einer belanglosen Annehmlichkeit verkommen zu lassen. »Warum mit Freunden auf unbesonnener Nähe bestehen? Was soll all dieses Anfassen und Festhalten?« Doch möchte ich seiner Reserviertheit, seinem feinen Gespür für die Heiligkeit des eigenen und des fremden Ichs, keine Ungerechtigkeit angedeihen lassen. Und auf die Gefahr hin, keinen Glauben zu finden, will ich eine Begebenheit erzählen, die sich oft wiederholte. Es war Calvins Gewohnheit, einen Teil der Nacht in Betrachtung ihrer Schönheit zu verbringen, dann kam er stets über das Dach des Gewächshauses durch das offene Fenster in unser Schlafzimmer, sommers wie winters, und legte sich am Fuße meines Bettes schlafen. Er bestand darauf, dies auf genau diese Art zu tun. Wenn wir ihn zwangen, durch die Haustür nach oben zu kommen, mochte er nicht im Schlafzimmer bleiben. In dieser Hinsicht besaß er den Starrsinn von General Grant. Doch dies nur nebenbei. Morgens machte er Toilette und begab sich mit der übrigen Familie hinunter zum Frühstück. Wenn jedoch die Herrin des Hauses fort war, und auch nur dann, kam Calvin morgens, wenn der Wecker klingelte, ans Kopfende des Bettes, stützte zwei Füße auf und sah mir ins Gesicht. Wenn ich aufstand, folgte er mir durchs Zimmer, »half« mir beim Ankleiden und bekundete schnurrend auf vielerlei Weise seine Zuneigung, als wolle er mir mitteilen: »Ich weiß, dass sie weggefahren ist, aber ich bin ja da.« Das war Calvin in kostbaren Augenblicken.

Er hatte auch seine Schwächen. Bei all seiner Liebe zur Natur: von Kunst verstand er nichts. Jemand schickte ihm einmal einen schönen und sehr ausdrucksvollen Katzenkopf aus Bronze, von Frémiet. Ich stellte ihn auf den Fußboden. Er betrachtete ihn gründlich, näherte sich vorsichtig kriechend, berührte ihn mit der Nase, bemerkte den Betrug, wandte sich jäh ab und nahm nie wieder davon Notiz. Im Großen und Ganzen war sein Leben nicht nur erfolgreich, sondern auch glücklich. Soweit ich weiß, kannte er nur eine einzige Furcht: er hatte tödliche und unüberwindliche Angst vor Klempnern. Wenn sie im Haus waren, nahm er Reißaus. Keine Schmeichelrede konnte ihn beruhigen. Natürlich teilte er nicht unsere Furcht vor ihren Rechnungen, aber er musste in dem Teil seines Lebens, der uns unbekannt ist, entsetzliche Erfahrungen mit ihnen gemacht haben. Ein Klempner war für ihn der Teufel, und ich habe keine Zweifel, dass in seinem Weltbild Klempner stets Böses gegen ihn im Schilde führten.

Als ich von seinem Wert sprach, ist mir nie in den Sinn gekommen, Calvin nach weltlichem Maßstab einzuschätzen. Ich weiß, wenn jemand stirbt, ist es heutzutage üblich, zu fragen, was er wert war, und kein Nachruf in den Zeitungen gilt ohne eine solche Einschätzung als vollständig. Von den Klempnern in unserem Haus war eines Tages Folgendes zu hören: »Die sagen, dass *sie* sagt, dass *er* sagt, er würde ihn nicht für hundert Dollar hergeben.« Ich brauche nicht zu erwähnen, dass ich solch eine Bemerkung nie gemacht habe und dass Calvin keine käufliche Ware war.

Wenn ich auf Calvins Leben zurückblicke, so scheint es mir glücklich gewesen zu sein, denn es war natürlich und frei von Zwängen. Er aß, wenn er Hunger hatte, schlief, wenn er müde war, und genoss sein Leben von den Krallen bis in die Spitze des ausdrucksvollen Schwanzes mit seinen langsamen Bewegungen. Er liebte es, durch den Garten zu streifen, unter den Bäumen zu schlendern, im grünen Gras zu liegen und in all den süßen Genüssen des Sommers zu schwelgen. Man konnte ihn nie des Müßiggangs bezichtigen, doch er kannte das Geheimnis der Muße. Der Dichter, der so hübsch über ihn schrieb, dass sein kleines Leben sich im Schlummer rundete, würdigte seine Wonnen nicht genügend, und deren gab es viele. Sein Gewissen schien ihn auch im Schlaf nie zu plagen. Er war eben wohlgesittet und von ausgeglichenem Naturell. Ich sehe ihn immer noch vor mir, wie er zur Tür meines Arbeitszimmers hereinspaziert, sich neben meinen Stuhl setzt, seinen Schwanz elegant um seine Füße drapiert und mit unaussprechlichem Wohlgefallen in seinem hübschen Gesicht zu mir hochschaut. Ich habe oft gedacht, wie schmerzlich ihm bewusst war, dass er nicht die Gabe der Sprache besaß. Aber da er nun einmal nicht sprechen konnte, verschmähte er die unartikulierten Laute der niederen Tiere. Das ordinäre Miauen und Maunzen des Katzengeschlechts war unter seiner Würde; er äußerte manchmal einen deutlichen, wohlerzogenen Ausruf, wenn er auf etwas aufmerksam machen wollte, das er bemerkenswert fand, oder ein Bedürfnis kundtun wollte, aber er ging nie quengelnd umher. Er saß stundenlang vor einem geschlossenen Fenster, ohne zu murren, obwohl er hereinwollte, und wenn es endlich geöffnet wurde, gab er nie seine Ungeduld zu, indem er etwa hereinsprang. Obgleich ihm die Sprache nicht zu Gebote stand und er die unerquicklichen Laute, die seiner Art gegeben sind, nicht benutzen mochte, konnte er aufs Wunderbarste schnurren, um seine grenzenlose Zufriedenheit mit angenehmer Gesellschaft auszudrücken. Er beherbergte in seinem Körper ein musikalisches Organ, gleichsam eine Schnurrorgel, mit Registern von unterschiedlicher Lautstärke und Ausdruckskraft, auf der er ohne Zweifel Scarlattis berühmte Katzenfuge hätte zu Gehör bringen können.

Ob Calvin an Altersschwäche starb oder an einer der Krankheiten, die er sich unter Umständen in seiner Kindheit zugezogen hatte, lässt sich nicht sagen, denn sein Hingang war ebenso still wie seine Ankunft geheimnisvoll. Ich weiß nur, dass er in dieser Welt bei uns in vollkommener Gestalt und Schönheit erschien und dass er nach einem längeren Zeitraum wie Lohengrin entschwand. Während seiner Krankheit war ebenso wenig etwas an ihm auszusetzen wie in seinem ganzen untadeligen Leben. Vermutlich gab es noch nie eine Krankheit, die mit so viel Würde, Liebenswürdigkeit und Geduld ertragen wurde. Sie befiel ihn allmählich, zeigte sich in einer gewissen Lustlosigkeit und Appetitlosigkeit. Ein alarmierendes Symptom war, dass er nunmehr die Wärme einer Heizungsklappe dem lebhaften Flackern des offenen Holzfeuers vorzog. Welche Schmerzen er auch litt, er ertrug sie stumm und schien nur besorgt, uns mit seiner Krankheit nicht zu belästigen. Wir verlockten ihn mit den Leckerbissen der Saison, aber es war ihm bald nicht mehr möglich, etwas zu essen, und zwei Wochen lang aß und trank er fast gar nichts. Manchmal gab er sich große Mühe, etwas zu sich zu nehmen, aber es war offensichtlich, dass er diese Anstrengung nur unsertwegen unternahm. Die Nachbarn – und ich bin überzeugt, dass die Ratschläge von Nachbarn nie zu etwas taugen – schlugen Katzenminze vor. Calvin mochte nicht einmal daran riechen. Wir zogen einen Amateurmediziner hinzu, dessen eigentlicher Beruf die Heilung kranker Seelen war, doch Calvin war nicht mehr zu helfen. Er nahm, was ihm dargereicht wurde, aber mit der Miene jemandes, für den die Zeit der Pillen und Tinkturen vorbei ist. Er saß oder lag Tag um Tag nahezu regungslos da und ließ sich kein einziges Mal zu den groben Zuckungen und Krämpfen des Schmerzes hinreißen, die für andere so unerfreulich sind. Sein Lieblingsplatz war die hellste Stelle auf dem Smyrna-Teppich vor dem Gewächshaus, wo das Sonnenlicht hinfiel und er den Brunnen plätschern hörte. Wenn ich zu ihm ging und ihm unsere Anteilnahme bekundete, schnurrte er immer in Anerkennung unseres Mitgefühls. Und wenn ich seinen Namen aussprach, sah er mit einer Miene hoch, die besagte: »Ich verstehe dich, mein Freund, aber es geht nicht mehr.« Für alle, die ihm einen Besuch abstatteten, war er ein Muster an Ruhe und Geduld im Leiden.

Während seiner letzten Zeit war ich nicht zu Hause, erfuhr jedoch durch tägliche Postkarten von der Verschlechterung seines Zustandes und sah ihn nicht mehr lebend wieder. Eines sonnigen Vormittags erhob er sich von seinem Teppich, ging ins Gewächshaus (er war zu diesem Zeitpunkt schon stark abgemagert), machte einen Rundgang und betrachtete all die Pflanzen, die er kannte, dann ging er zum Erkerfenster im Esszimmer, stand lange Zeit da und schaute hinaus auf den Rasen, jetzt braun und verdorrt, und den Garten, in dem er wohl die glücklichsten Stunden seines Lebens verbracht hatte. Es war ein letzter Blick. Er wandte sich ab und ging fort, legte sich auf der hellen Stelle im Teppich nieder und verschied still.

Es ist nicht übertrieben, wenn ich sage, dass ein Schock die Nachbarn erfasste, als sie von Calvins Tod erfuhren, so ausgeprägt war seine Persönlichkeit; und seine Freunde kamen einer nach dem anderen ins Haus, um ihm die Ehre zu erweisen. Wir vermieden bei seiner Beisetzung jeden sentimentalen Unfug, in der Meinung, dass ihm ein Trauerzug zuwider gewesen wäre. John, der das Amt des Leichenbestatters übernahm, richtete einen Kerzenkarton für ihn her und ließ dabei, soweit ich weiß, die gebührende Pietät walten, auch wenn sich darunter der übliche Hang zum Unernst verbergen mochte, denn ich hörte ihn in der Küche bemerken, dies sei »das trockenste Leichenbegängnis, dem er je beigewohnt habe«. Alle jedoch hatten Calvin liebgewonnen und brachten ihm große Achtung entgegen. Zwischen Calvin und Bertha bestand sogar eine enge Freundschaft, und Bertha hatte durchaus ein Gespür für seine wahre Natur; sie pflegte zu sagen, dass sie manchmal regelrecht Angst vor ihm habe, weil er sie dermaßen intelligent anschaue. Sie war sich nie ganz sicher, ob er das war, was er zu sein schien.

Als ich nach Hause zurückkehrte, hatte man Calvin in einem der oberen Zimmer an einem offenen Fenster aufgebahrt. Wir schrieben Februar. Er ruhte in einem mit Immergrün ausgeschlagenen Kerzenkarton, am Kopfende stand ein kleines Weinglas mit Blumen. Er lag, den Kopf zwischen die Arme gesteckt – eine seiner Lieblingspositionen vor dem Kamin –, als schliefe er in der Behaglichkeit seines weichen und herrlichen Fells. Alle Kondolenzbesucher riefen unwillkürlich: »Wie natürlich er aussieht!« Ich für mein Teil sagte nichts. John begrub ihn unter den beiden Hagedornbäumen – wovon der eine weiß blüht, der andere rosa –, an einer Stelle, die Calvin zu seinem Liegeplatz erkoren hatte, um dem Summen der Insekten und dem Zwitschern der Vögel zu lauschen.

Vielleicht ist es mir nicht gelungen, die Einzigartigkeit seines Charakters genügend herauszustreichen, die für alle, die ihn kannten, offenkundig war. Jedenfalls habe ich nichts als die reine Wahrheit über ihn zu Papier gebracht. Er bewahrte sich immer ein Geheimnis. Ich weiß nicht, woher er kam, und ich weiß nicht, wohin er gegan-

gen ist. Ich möchte kein einziges unwahrhaftiges Zweig-
lein in den Kranz flechten, den ich auf seinem Grab
niederlege.

Franziska Gerstenberg

Katzenjammer

Als Dietmar nach Hause kommt, noch im Blaumann, ruft er nach Anne. Kein Geräusch aus den anderen Zimmern. Ich weiß, dass du mich hörst, ruft Dietmar.

Die Katze lässt sich nicht stören. Sie liegt auf unserem Sofa, reckt sich, streckt ihre Pfoten aus, hakt die Krallen in den Stoff. Dietmar zeigt auf sie, er trägt abgeschnittene schwarze Handschuhe, so sehen seine Finger noch länger aus. Ich gehe durchs Zimmer, setze mich neben die Katze. Aufmerksam sieht sie mich an, als würde sie mich schon lange kennen. Das Vieh, sagt Dietmar leise. Ich sage ihm, dass Anne nicht da ist, dass sie bei Schulzes ist, Herr Schulze hat Geburtstag.

Anne hat ihr den Namen gegeben, bevor sie zu Schulzes gegangen ist, die Katze heißt Smith. Vielleicht, weil sie bei uns eingestiegen ist, lautlos wie ein Agent, durchs Küchenfenster. Die Katze sprang von der Spüle hinunter auf den Linoleumboden. Anne hielt den Atem an. Sie stieß mich mit ihrem spitzen Ellbogen in die Seite und sagte, ich sei ihr Zeuge. Sie ist uns zugelaufen, sagte sie pathetisch. Das Geschirr stand noch auf dem Tisch, auch die Milchflasche, Anne und ich hatten erst am Nachmittag gefrühstückt. Anne suchte nach einem Schälchen. Die Katze setzte sich vor den Kühlschrank, hob den Kopf, legte ihren Schwanz um die Pfoten. Als sie trank, konnten wir ihre raue Zunge sehen.

Sie gehört keinem der Nachbarn. Die Katzen aus dem Ort sind struppig und schwerfällig, Smith sieht anders aus, schlanker, kleiner und bunt. Weiße Flecken, helles Ocker, von allem etwas, Braun, Schwarz, Rot. Verklebte Augen, das eine Ohr ausgefranst, wie zerrissen. Sie lässt sich nicht anfassen, aber Anne meint, das sei nur eine Frage der Zeit.

Wir sahen der Katze beim Trinken zu, und Anne sagte: Bestimmt hat sie weiches Fell. Bestimmt ist sie schlecht behandelt worden, bestimmt können wir sie retten! Sie wiederholte das, mehrmals.

Dietmar wiederholt sich auch. Wie kann sie das tun, sagt er immer wieder. Er lässt sich auf einen Stuhl fallen, tastet mit den Fingerspitzen über sein Stachelhalsband. Im Nacken hat er rote Flecken. Das Katzenthema ist alt. Anne wünscht sich eine Katze, seit sie denken kann. Dietmar ist gegen Katzen allergisch. Bov hält sich raus. Als wir letztes Jahr zusammengezogen sind, waren Anne und Dietmar ein Paar. Sie schliefen im großen Zimmer, in Annes quadratischem Bett. Jetzt wohnt Dietmar in Bovs alter Kammer, und Bov ist zu Anne gezogen. Ich sage: Vielleicht verschwindet die Allergie, wenn wirklich eine Katze da ist. Das gibt es ja, dass man Leute mit einer Spinnenphobie in ein Zimmer mit Spinnen setzt, und sie sind geheilt! Du kriegst eben Schnupfen, sage ich, und dann geht er wieder weg. Dietmar sieht aus dem Fenster, durch die rechte Scheibe, die mit dem Sprung. Ja, sagt er, oder ich kriege Asthma und werde es nie mehr los. Wie kann man eine Katze Smith nennen, es ist ja noch nicht mal ein Kater!

Ich gehe zu Schulzes hinüber. Anne sitzt im Wohnzimmer, zwischen Schrankwand und Lavalampe. Sie sitzt auf Bovs Schoß. Herr und Frau Schulze haben sich auf der anderen Seite des Grundstücks ein neues Haus gebaut. Es ist schon verputzt, aber noch nicht gestrichen. Uns haben sie ihren alten Hof vermietet, das Fachwerkhaus, die Scheune, den Schuppen, das Außenklo. Die Decken sind niedrig, die Fenster klein. Wir sind im Frühsommer eingezogen, Bov hat Koteletts gegrillt und Dietmar an seinem vw-Bus herumgeschraubt. Die Bauern haben gegrinst, gegrüßt, die Schirmmützen in den Nacken geschoben. Jetzt, im Winter, tragen wir drei Pullover übereinander. Der Geburtstag ist ein guter Grund, in Schulzes überheiztem Wohnzimmer zu sitzen.

Frau Schulze gießt nach, es gibt Korn und Bier, der Korn geht schnell weg. Die Schulzes können mehr vertragen als irgendwer sonst, den ich kenne. Frau Schulze wirft sich in den Schaukelstuhl, Anne raucht und sieht erhitzt aus. Dietmar hat die Katze gesehen, sage ich zu ihr. Sie ist uns zugelaufen, sagt sie. Katzen, ruft Herr Schulze, das ist gut, ihr braucht vier, die wärmen euch nachts die Füße. Frau Schulze gießt nach. Auf die Katzen, sagt sie und dann, jeder müsse jetzt so viele Gläser am Stück kippen, wie er Pfoten hat. Also die Damen vier, schreit Herr Schulze, die Herren fünf. Frau Schulze lacht. Mein Horst, sagt sie, heute feiern wir dich. Wo ist eigentlich Dietmar?, fragt er und richtet sich mühsam auf. Gott, sagt er, muss ich pissen. Geh doch, sagt Frau Schulze. Nein, sagt er, man darf sich nicht immer alles erlauben. Bov legt den Arm um Anne, die Hand in ihren Schoß. Dietmar ist sauer, weil wir jetzt die Katze haben, sagt

Anne. Na, Mädchen, sagt Frau Schulze, wohl doch eher wegen was anderem, oder? Herr Schulze sagt: So jung wie ihr sind wir nie gewesen. Bov hält sich raus. Mit offenem Mund starrt er Schulzes Teppichbild an, es hängt an der linken Wand, ein abstraktes Muster, das wie eine riesige Spinne aussieht. Anne schleudert mehrere Pullover auf die Couch, bis sie im rosa Trägershirt dasitzt. Sie sagt: Bestimmt ist sie schlecht behandelt worden, die Katze!

Wir stolpern durch den Garten. Bov muss Anne festhalten, sie kichert und hält die Hand vor den Mund. Der letzte Korn war zu viel, die Lampe über der Eingangstür schwankt vor meinem Gesicht. Ich will ins Bett, unter das Federbett und die Wolldecke, will, dass das Drehen aufhört. Dietmar sitzt in der Küche. Seine Augen sind rot, die Lider geschwollen. Anne, sagt er, du hast ihr nicht mal zu fressen gegeben, sie war völlig ausgehungert. Vor dem Herd steht neben dem Milchschälchen eine Untertasse, sauber abgeleckt. Ich öffne den Kühlschrank, gieße Orangensaft in ein Glas, sehe, dass Bovs Gehacktes verschwunden ist. Sie liegt jetzt in eurem Zimmer, sagt Dietmar, aber morgen muss sie weg. Er niest. Anne macht einen unsicheren Schritt auf ihn zu. Warum ziehst du nicht aus?, fragt sie. Er wischt sich mit dem Ärmel über die Nase. Außerdem, sagt er plötzlich, wie kann eine Katze Smith heißen, es ist ja noch nicht mal ein Kater! Annes Stimme kippt über: Wie kann ein Mensch Dietmar heißen, meine Katze bleibt hier! Bov muss sie festhalten. Außerdem, sagt Anne, habe ich Smith gerettet. Dietmar geht an mir vorbei, unter dem Stachelband ist sein Hals sehnig und mager. Und wer rettet mich, murmelt er.

Immer, wenn wir über etwas nicht mehr sprechen, hat Anne sich durchgesetzt. Zweimal legt die Katze tote Ratten unters Sofa. Wir kaufen Kitekat. Um die leeren Dosen auszulecken, wirft Smith nachts den Abfalleimer um. Manchmal bleibt ihr Kopf in einer der Dosen stecken. Als ich das erste Mal aufwachte, konnte ich das scheppernde Geräusch nicht einordnen. Endlich ging ich und sah nach. In der Küche sprang Smith auf zitternden Beinen hin und her und versuchte, die Dose abzuschütteln. Dabei schlug ihr Kopf gegen den Herd, gegen Stühle und Tischbeine. Bevor ich ihr helfen konnte, zerkratzte sie mir die Arme.

Dietmars Schnupfen wird nicht besser. Auch wenn er die Fenster aufreißt, gierig die kalte Luft einatmet, hört Dietmar nicht auf zu niesen. Er hustet, räuspert sich, seine Augen tränen. Er beschreibt den Juckreiz, es juckt auf der Zunge, im Rachen, im Hals, in der Brust, sogar in den Ohren. Als ob mir selbst ein Fell wächst, sagt er, nur innen. Das Schlimmste ist, dass er trotzdem begonnen hat, Smith zu mögen. Schluck Tabletten, sagt Anne.

Das Wort fällt zwischen die Butter und das Marmeladenglas. Dass wir zu viert zusammensitzen und frühstücken, ist selten geworden. Krümel und Käseränder auf den Tellern. Seit zwei Wochen lässt Smith sich streicheln. Ausgerechnet an Dietmar hängt sie am meisten. Er läuft vor ihr davon, von einem Zimmer ins andere, aber sie schleicht ihm nach, streicht schnurrend um seine Beine. Auch jetzt, während wir frühstücken. Anne hebt die Augenbrauen, ihre Zigarette brennt im Aschenbecher herunter. Dietmar trinkt seinen Kaffee aus. Dann lässt er das Wort fallen.

Ich fange an, den Tisch abzuräumen. Anne umklammert ihren Becher mit beiden Händen und sagt: Niemals. Außerdem, sagt sie, ist sterilisieren der falsche Ausdruck, du willst ihr die Eierstöcke rausnehmen lassen, das heißt kastrieren. Hör mir zu, sagt Dietmar, ich habe darüber nachgedacht. Er fährt sich durch die kurzen, lila gefärbten Haare. Bov zieht an seinem Pullover herum, schiebt die Ärmel hoch, schüttelt sie wieder hinunter. Ich stelle das Geschirr in die Spüle, und Dietmar fragt Anne noch einmal, ob sie ihm zuhört. Ich könnte die Teller und Messer gleich abwaschen, halte sie aber nur kurz unters fließende Wasser. Anne sagt, dass eine Vollnarkose gefährlich ist, kastrierte Katzen ihren Charakter verlieren, zu Kuscheltieren und fett und faul werden. Du nimmst ihr ihre Natur, schreit sie plötzlich. Ich setze mich wieder. Sie holt Luft, ihre Nasenflügel blähen sich. Warum brüllst du gleich los?, fragt Bov. Du, stößt Anne hervor, du nun auch noch! Sie steht auf, sieht uns der Reihe nach an. Meine Katze wird nicht kastriert, sagt sie langsam und deutlich, bevor sie hinausgeht. Als sie die Tür zuschlägt, rieselt loser Putz auf den Boden. Dietmar sagt: Gleich stürzt das Haus ein. Bov zuckt die Achseln, als hätte das auch sein Gutes.

Weil er es nicht tut, will ich Anne nachgehen, aber Dietmar fragt jetzt, ob wenigstens wir ihm mal zuhören würden. Rolligkeit, sagt er. Er beschreibt uns Smith, flach an den Boden gepresst, wie sie das Hinterteil in die Höhe hebt, mit einem seitlich gestreckten Schwanz. Wie sie verzweifelt gurrt und röhrt, sich auf dem Boden wälzt und nichts frisst. Ich weiß nicht, sage ich. Und Dietmar niest und redet weiter, Stress, sagt er, ständige Hormonschwankungen, Entzündungen, Krebs. Und nicht zuletzt, fragt er, was machen wir, wenn sie wirklich schwanger wird? Er beugt sich hinunter, streicht Smith über ihren Buckel. Sie schmiegt den Kopf an seinen Arm. Dietmar zieht die Nase hoch, schiebt den Stuhl zurück und wäscht sich die Hände über der Spüle. Ich weiß nicht, sage ich wieder. Aber Bov, ausgerechnet Bov, hält sich nicht mehr raus. Er nimmt das Marmeladenglas, wirft es Dietmar zu. Recht hast du, ruft er, ich bin dafür. Na, sage ich, dann bring das mal Anne bei.

Draußen geht die Gartentür. Im Hof steht Herr Schulze, in einer wattierten Jacke und Gummistiefeln. Ich öffne das Fenster, beide Flügel, und er ruft herauf, ob jemand mit ihm den Anbau verputzen will. Seine Frau ist zu ihrer Schwester gefahren wie jeden Sonntag. Ich denke, dass Bov keine Hilfe sein wird, mit seinen zwei linken Händen. Los Jungs, sagt Herr Schulze, das wird eine Sause. Los Dietmar, sagt Bov und grinst. Sie stehen auf, genau gleichzeitig und mit derselben Bewegung. Ich denke, gut, dass Anne das nicht gesehen hat.

Ich habe den Boiler aufgeheizt, liege in der Badewanne, die sich nur langsam füllt. Annes Badeöl riecht nach Lavendel. Die Katze sitzt neben mir, direkt neben meinem Kopf, auf der Tonne mit der Schmutzwäsche. Sie putzt sich auch, leckt sich die Pfoten, die einzelnen weichen Ballen, fährt damit über die Ohren. Das zerrissene Ohr sieht außen grau aus und innen hell und rosa. Über die Kastration haben wir nicht mehr gesprochen. Im Flur höre ich Dietmar niesen. Als Smith sich umdreht, hält sie mir ihren Hintern vor die Nase. Aus dem After hängt ein sauberer, weißer Wurm heraus, er windet sich hin und her. Ich blinzle, aber die Katze springt von der Tonne hinunter und kratzt an der Tür. Tropfend gehe ich über den Steinfußboden, um ihr zu öffnen.

An einem Dienstag fahren Anne und ich mit Schulzes zum Gewerbepark. Frau Schulze besteht darauf, uns dabeizuhaben. Ihr Mann habe keine Ahnung von Farben. Im Baumarkt suchen wir nach dem passenden Ton für den Außenanstrich, nach Jalousien, Handtüchern, Pinseln und Rollen, Zierfliesen für Schulzes neues Bad. Anne will eine Klobrille kaufen, unsere hat einen Sprung. Frau Schulze kichert und zeigt auf eine mit Stacheldraht unter dem Plastik. Herr Schulze erklärt, wie eine Rohrzange aussieht. Draußen essen wir Hähnchen und Currywurst, lassen uns auf dem Rückweg bei Annes Mutter absetzen.

Wir sitzen in Annes altem Zimmer, in dem nichts verändert wurde, sogar die Poster hängen noch an den Wänden. Auf dem Tisch Geschichtsbücher und die Mappe mit ihrem Abschlusszeugnis. Hast du es dir so vorgestellt, frage ich, das Ausziehen? Anne tritt mit dem Fuß die Tür zu. Klar, sagt sie, wie sonst. Das war doch der Plan! Ihre Mutter kommt mit Kaffee und Keksen herein und sagt: Da bist du mal da und verschwindest in deinem Zimmer. Sie setzt sich auf den Teppich, verschränkt die Beine zum Schneidersitz. Sie habe gehört, dass Anne jetzt eine Katze habe, sonst aber alles beim Alten sei. Anne antwortet nicht. Und du, fragt mich ihre Mutter, fängst du mit deinem Leben was an?

Wir kommen nach sieben zurück, sehen schon von der Bushaltestelle aus, dass kein Licht brennt. Anne schließt die Tür auf, das Haus ist leer. Sie sagt: Die haben die Katze wohl mitgenommen. Sie lacht und geht in die Küche, zündet den Gasherd an, an einer der Flammen die letzte Zigarette aus der Packung. Erst dann macht sie Licht.

Nur durch Zufall höre ich das Maunzen. Die Tür zu Dietmars Zimmer ist angelehnt. Smith, sage ich, bist du das? Die Katze liegt neben dem Bett, auf einem flachen Kissen. Sie sieht merkwürdig aus, wie ein pelziger Lappen, so schlaff, und als ich sie anspreche, hebt sie nur kurz den Kopf. Ein verschwommener Blick, die Augen sind halb geschlossen. Ich rufe nach Anne. Smith versucht aufzustehen, torkelnd, dann lässt sie sich wieder fallen. Das Kissen ist nass von ihrem Urin.

Den Schlüssel von Dietmars vw-Bus finde ich auf seinem Korbsessel, unter T-Shirts und Zeitschriften. Anne ist panisch und trägt das Kissen mit Smith die Treppe hinunter. Wieso ist sie krank, fragt sie, wieso ist sie plötzlich krank? Ich fahre den vw-Bus aus der Scheune, lasse Anne einsteigen. Der Tierarzt wohnt im Nachbarort, ich kann nur hoffen, dass er zu Hause ist. Als ich auf die Straße rolle, kommt mir Frau Schulze entgegen. Sie winkt mit beiden Armen, aber ich will nicht noch einmal halten, lege den Gang ein.

Die Glastür der Praxis ist abgeschlossen, aber im Wohnhaus brennt Licht. Ich höre jemanden reden, dann wird mir klar, dass es ein Radio ist. Anne bleibt zwei Schritte hinter mir, drückt das Kissen mit Smith an ihre Brust. Ich klingle, ein kurzer heller Ton. Ich habe den Tierarzt erst zweimal gesehen. Als er öffnet, hält er in einer Hand eine halb geschälte Banane, in der anderen einen Kugelschreiber. Fragend sieht er mich an. Ich sage: Ein Notfall!, und er gibt die Tür frei, wir gehen hinter ihm her ins Wohnzimmer, wo der Fernseher läuft, aber ohne Ton. Anne legt die Katze auf den Couchtisch, der Tierarzt dreht das Radio leiser. Er sieht erstaunt aus, wirft einen Blick auf Smith, die sich auf der polierten Tischplatte aufrichtet. Dann legt er die Banane hin, den Stift, kniet sich auf den Boden, betrachtet Smiths Bauch. Wollen Sie mich verarschen, sagt er. Was schleppen Sie mir denn die Katze wieder her, so frisch operiert!

Anne streichelt Smith die ganze Rückfahrt über. Die Katze liegt in ihrem Schoß. Vorsichtig sage ich, dass ich nichts von der Kastration gewusst habe. Anne sieht aus dem Seitenfenster. Links und rechts die unbestellten Felder, wie Leben, das noch gelebt werden muss. Wie konnten sie das entscheiden, sagt Anne, ohne mich. Ich denke, wie schwer es ist, eine Wahl zu treffen. Anne sagt, dass sie ihn umbringen wird. Ich frage: Wen, Dietmar? Sie schüttelt den Kopf. Ich denke an Bov, seine schmalen Schultern in den hellen Pullovern. Smith öffnet ihre Augen, die aus dem Dunkel heraus leuchten. Es dauert lange, bis wir das Dorf erreichen, so lange, dass ich schon glaube, wir wären vorbeigefahren.

James Boswell

Samuel Johnson und sein Kater Hodge

Niemals werde ich vergessen, wie sehr er seinen Kater Hodge verwöhnte, für den er sich höchstselbst nach draußen begab und Austern kaufte, weil die Dienerschaft, die ansonsten damit betraut worden wäre, womöglich eine Abneigung gegen die arme Kreatur gefasst hätte.

Ich erinnere mich, wie Hodge sich eines Tages mit augenscheinlich großer Wonne in Dr. Johnsons Brust verkrallte und ihm mein Freund, lächelnd und leise pfeifend, den Rücken kraulte, ihn am Schwanz zog und auf meine Bemerkung, es sei ein feiner Kater, erwiderte: »Ei, gewiss, Sir, aber ich habe Katzen gehabt, die ich lieber mochte«, und als spüre er, dass Hodge ihm diese Bemerkung übelnehme, hinzufügte: »Doch, doch er ist ein feiner Kater, wirklich ein sehr feiner Kater.«

Jerome K. Jerome

Ein langschwänziger, pelziger Engel

K atzen«, bemerkte Jephson eines Nachmittags zu mir,
als wir im Kahn saßen und den Plan unseres Ro-
mans ernsthaft besprachen, »Katzen sind Tiere, vor denen ich den allergrößten Respekt habe. Katzen und Dis-
sidenten halte ich für die einzigen Wesen in dieser Welt,
die im praktischen Handeln Gewissen zeigen. Sieh dir
eine Katze an, wenn sie etwas Niedriges, Unrechtes tut –
wenn du je die Gelegenheit dazu hast, beachte, wie sie
darauf aus ist, dass niemand sieht, was sie tut; und, wenn
sie dennoch überrascht wird, wie schnell sie sich zu stellen weiß, als ob sie es nicht getan habe – als ob sie nicht
einmal daran gedacht habe, es zu tun – dass sie tatsächlich
etwas anderes, ganz anderes vorhatte. Man sollte beinah
denken, sie hätten eine Seele.

Heute Morgen betrachtete ich das Dach auf deinem
schwimmenden Heim. Eine Katze kroch hinter den Blumenkästen entlang und schlich hinter einer jungen Dros-
sel her, die sich auf ein Knäuel von Tauen gesetzt hatte.
Mord glühte aus ihrem Auge, die Lust, umzubringen,
sprach aus jedem zusammengekniffenen Muskel ihres
Körpers. Als sie sich duckte, um loszuspringen, lenkte
das Schicksal, das sich der Schwachen gelegentlich wohl
auch einmal annimmt, ihre Aufmerksamkeit auf mich,

und da erst wurde sie meiner Gegenwart gewahr. Ich wirkte auf sie, wie eine himmlische Vision auf einen Verbrecher in der Bibel wirkt. Im nächsten Augenblick war sie ein ganz anderes Geschöpf. Das gottlose Tier, das herumgeschlichen war, jemanden zu suchen, den sie verschlinge, war wie weggeblasen. An seiner Statt saß da ein langschwänziger, pelziger Engel, der mit einem Ausdruck zum Himmel aufblickte, der ein Drittel Unschuld und zwei Drittel Bewunderung für die Schönheiten der Natur spiegelte. ›Was sie da täte, wollte ich wissen?‹ – ›Aber – konnte ich denn nicht sehen, dass sie da mit einem bisschen Erde spielte? So bösartig konnte ich doch wohl nicht sein, anzunehmen, dass sie den lieben, kleinen Vogel da fressen wollte – Gott behüte ihn!‹

Ein alter Kater, der am frühen Morgen nach Hause schleicht nach einer Nacht, die er auf übelberüchtigten Dächern zugebracht hat! Kann man sich ein lebendes Wesen denken, das mehr darauf bedacht wäre, die Aufmerksamkeit nicht auf sich zu ziehen? ›Herr Gott‹, hört man ihn förmlich sagen, ›ich hatte keine Ahnung, dass es schon so spät war; wie die Zeit vergeht, wenn man sich amüsiert. Wenn ich nur keinen Bekannten treffe, – fatal, dass es schon so hell ist!‹

Da sieht er von fern einen Schutzmann und macht plötzlich irgendwo im Schatten halt. ›Was hat denn der da zu suchen‹, fragt er, ›und noch dazu so dicht vor unserer Tür? Ich kann doch nicht hinein, während er da herumlungert. Sicherlich wird er mich sehen und erkennen; und er ist gerade der Mann dazu, mich beim Dienstmädchen zu verklatschen.‹

Er versteckt sich hinter einem Pfahl und wartet, indem

er dabei von Zeit zu Zeit vorsichtig um die Ecke sieht. Der Schutzmann indessen scheint seinen Standort gerade an diesem besonderen Platz aufgeschlagen zu haben, und das macht den Kater nervös und ärgerlich.

›Was ist mit dem Narren los‹, fragt er sich indigniert, ›schläft er? Warum bewegt er sich nicht von der Stelle, wie er es doch immerfort anderen Leuten anempfiehlt? Dummer Esel, der!‹

In dem Augenblick ertönt von fern her der Schrei, ›Milch‹, und der Kater fährt in furchtbarem Schreck zusammen. ›Großer Gott, was ist das? Jetzt werden alle herauskommen, bevor ich hineingekommen bin. Ich kann nichts dazu tun. Ich muss mein Glück versuchen.‹

Er sieht sich mit bedenklicher Miene selbst an und zögert. ›Ich wollte nichts sagen, wenn ich nicht so schmutzig und unordentlich aussähe. Ach, das Volk ist so gewöhnt, stets das Böse in dieser Welt anzunehmen.‹

›N – ja‹, fügt er hinzu und rüttelt sich selbst auf, ›da bleibt nichts übrig; ich muss der Vorsehung vertrauen. Sie hat mir früher geholfen, und sie wird mir auch jetzt helfen.‹

Er heuchelt den Ausdruck ernster Sorge und macht sich mit ehrbarem Schritt auf den Weg. Offenbar will er den Anschein erwecken, dass er die ganze Nacht für die Sanitätsnachtwachen tätig gewesen sei und nun nach Hause zurückkehre, Kummer im Herzen ob all der Dinge, die er mit angesehen.

Unbemerkt schleicht er durch ein Fenster hinein und hat eben noch Zeit, sich mal schnell überzulecken, bevor er die Köchin auf der Treppe hört. In dem Augenblick, in dem sie in die Küche tritt, liegt er zusammengerollt auf dem Herd und schläft fest. Das Öffnen der Fensterläden weckt ihn. Er steht auf und macht ein paar Schritte und reckt und streckt sich.

›Du lieber Gott, schon Morgen?‹, fragt er sich schläfrig. ›Ach, wie schön habe ich geschlafen, Köchin, und so schön geträumt von meiner armen Mutter.‹ –

Katzen nennt ihr sie? Sie sind Christenmenschen, in jeder Beziehung, ausgenommen die Zahl der Beine.«

»Ganz gewiss«, antwortete ich, »es sind wunderbar schlaue kleine Tiere, und nicht nur infolge ihrer moralischen und religiösen Instinkte sind sie dem Menschen so nahe verwandt. Ihre wunderbare Geschicklichkeit für das eine zu sorgen, was nottut, ist des menschlichen Geschlechts selbst durchaus würdig. Bekannte von mir hatten einen Kater, einen dicken schwarzen Murr; und halb haben sie ihn noch. Sie hatten ihn in einer Küche aufgestöbert, und in ihrer häuslichen, unscheinbaren Art liebten sie ihn. Immerhin herrschte auf beiden Seiten nicht, was man Leidenschaft hätte nennen können.

Eines Tages zog eine Chinchilla-Katze unter der Obhut einer ältlichen Jungfrau in die Nachbarschaft, und die beiden Katzen trafen sich auf einem Gartenmauer-Spaziergang.

›Nun, was für ein Los haben Sie gezogen?‹, fragte die Chinchilla-Katze.

›O, ich bin zufrieden.‹

›Angenehme Leute?‹

›Och ja, recht angenehm – wie die Leute eben sind.‹

›Fügsam? Pflegen sie Sie ordentlich, und sonst …?‹

›Ja – o ja. Ich habe nichts an ihnen auszusetzen.‹

›Was für Essen?‹

›O, so das gewöhnliche bekannte Zeug, Knochen und Brocken und dann und wann zur Abwechslung ein bisschen Hundekuchen.‹

›Knochen und Hundekuchen? Wollen Sie damit sagen, dass Sie Knochen fressen?‹

›Gewiss, wenn ich sie kriegen kann. Was missbehagt Ihnen daran?‹

›Beim Schatten von Ägyptens Isis! Knochen und Hundekuchen! Essen Sie denn nie ein junges Hühnchen oder Sardinen oder ein Hammelkotelett?‹

›Hühnchen! Sardinen! Was reden Sie? Was sind Sardinen?‹

›Was Sardinen sind? Mein liebes Kind (die Chinchilla war eine große Dame und nannte befreundete Herren, die etwas älter als sie waren, liebes Kind), Ihre Leute da behandeln Sie geradezu schmachvoll. Kommen Sie, setzen Sie sich und erzählen Sie mir alles. Worauf schlafen Sie?‹

›Auf der Erde.‹

›Das dachte ich mir; und zu trinken gibt es abgerahmte Milch und Wasser, nicht wahr?‹

›Etwas dünn ist sie wirklich.‹

›Ich kann sie mir sehr gut vorstellen. Sie müssen diese Leute verlassen, mein Lieber, und zwar auf der Stelle.‹

›Aber wohin soll ich denn gehen?‹

›Irgendwohin.‹

›Aber wer wird mich aufnehmen?‹

›Jeder, wenn Sie es nur richtig anfangen. Wie oft meinen Sie, dass ich meine Leute gewechselt habe? Siebenmal! – und mit jedem Mal habe ich mich verbessert. Was meinen Sie wohl, wo ich geboren bin? In einem Schweinestall. Wir waren unser drei, Mutter und ich und mein kleiner Bruder. Mutter verließ uns jeden Abend und kam zurück, wenn es eben anfing hell zu werden. Eines Morgens aber kam sie nicht zurück. Wir warteten und warteten, aber der Tag verging, und sie kam nicht wieder, und wir wurden immer hungriger, und schließlich legten wir uns dicht aneinander geschmiegt hin und weinten uns in den Schlaf.

Am Abend, als wir durch ein Loch in der Tür guckten, sahen wir sie über das Feld herüberkommen. Sie kroch sehr langsam vorwärts, indem sie mit dem Körper die Erde berührte. Wir riefen sie, und sie antwortete mit einem leisen ›Kru-u‹, aber sie beschleunigte ihren Schritt nicht.

Sie kroch herein und rollte sich auf die Seite, und wir rannten zu ihr hin, denn wir waren dem Verhungern nahe. Wir sogen lange an ihren Zitzen, und sie leckte uns über und über.

Ich lag auf ihr und schlief ein, doch in der Nacht wachte ich auf; denn ich fror. Ich kroch näher zu ihr heran, aber davon wurde mir nur kälter, denn sie war feucht und klamm von einer dunklen Flüssigkeit, die aus ihrer Seite sickerte. Damals wusste ich nicht, was es war; aber ich habe es seitdem erfahren.

Das trug sich zu, als ich kaum vier Wochen alt sein mochte, und von dem Tage an bis heute habe ich selbst für mich gesorgt: darauf ist man in dieser Welt angewiesen, mein Lieber. Eine Zeitlang lebten ich und mein Bruder in dem Stall weiter und fristeten unser Leben. Zuerst war es ein grimmes Ringen: zwei Babys im Kampf ums Dasein. Aber wir schlugen uns durch. Als ich nach Verlauf von ungefähr drei Monaten mich weiter als gewöhnlich von zu Hause entfernte, kam ich zu einer Hütte inmitten des Feldes. Es sah warm und traulich darin aus, und ich ging hinein: an Mut hat es mir nie gefehlt. Ein paar Kinder, die ums Feuer spielten, bewillkommten mich und machten viel Wesens mit mir. Dann war mir ein unbekanntes Gefühl, und ich blieb da. Mir kam damals der Ort wie ein Palast vor.

Er hätte mir auch immer weiter so erscheinen können, wenn sich nicht Folgendes zugetragen hätte: ich spazierte eines Tages durchs Dorf, und dabei fiel mir zufällig ein Zimmer hinter einem Laden ins Auge. Ein Teppich lag auf dem Fußboden und ein dickes Tuch vor dem Kamin. Ich hatte bis dahin nicht geahnt, dass es einen derartigen Luxus auf der Welt gibt. So entschloss ich mich kurz, diesen Laden zu meinem Heim zu machen, und ich tat es.‹

›Wie fingen Sie das an?‹, fragte der schwarze Kater, der sich dafür zu interessieren anfing.

›Durch den einfachen Prozess, hineinzugehen und mich hinzusetzen. Mein liebes Kind, Frechheit ist das *Sesam öffne dich!* für jede Tür. Die Katze, die hart arbeitet, verhungert; die Katze, die Verstand hat, wird als Närrin die Treppe hinuntergejagt; die Katze, die tugendsam ist, wird als Schuft ersäuft; aber die Katze, die frech ist, schläft auf Samtkissen und speist Sahne und Pferdebraten. Ich schritt also unverfroren hinein und rieb mich an den Beinen des alten Mannes. Er und seine Frau waren ganz weg von dem, was sie meine Zutraulichkeit nannten, und nahmen mich mit Begeisterung auf. Wenn ich abends durch die Felder schweifte, hörte ich oft die Kinder aus der Hütte meinen Namen rufen. Wochen vergingen, bis sie es aufgaben, nach mir zu suchen. Eines von ihnen, das jüngste, schluchzte sich nachts in den Schlaf, denn es dachte, ich wäre tot: es waren liebe Kinder.

Ich war ungefähr ein Jahr lang bei meinen Krämerfreunden in Kost; dann ging ich zu anderen Leuten, die seit Kurzem in die Nachbarschaft gezogen waren und eine wirklich ausgezeichnete Köchin hatten. Ich glaube, ich hätte mit diesen Leuten ganz zufrieden sein können, aber unglücklicherweise verarmten sie, mussten das große Haus und die Köchin aufgeben und in eine Hütte ziehen, und ich hatte keine Lust, wieder zu dieser Art Leben zurückzukehren.

Also – sah ich mich um, ob sich etwas Neues böte. Nicht weit von da lebte ein seltsamer alter Bursche. Man sagte, er sei reich, aber niemand mochte ihn leiden. Er war nicht wie die anderen Menschen. Ein paar Tage lang ließ ich mir die Sache im Kopf herumgehen, dann entschloss ich mich, es mit ihm zu versuchen. Da er so alleine im Leben stand, konnte es wohl sein, dass er viel Wesens mit mir machen würde, wenn nicht, konnte ich ja gehen.

Meine Vermutung erwies sich als richtig. Ich bin nie mehr verhätschelt worden als bei Trady, wie ihn die Dorfjugend genannt hatte. Meine gegenwärtige Beschützerin ist reichlich in mich vernarrt, weiß Gott!, aber sie hat noch andere Verpflichtungen, während Trady nichts hatte, was er hätte lieben können – nicht mal sich selbst. Er wollte zuerst kaum seinen Augen trauen, als ich ihm auf die Knie sprang und mich an sein hässliches Gesicht ankuschelte. ›Hoho Miez‹, sagte er, ›weißt du, dass du das erste lebende Wesen bist, das je aus eigenem Antrieb zu mir gekommen ist?‹ Die Tränen standen ihm in seinen hässlichen kleinen, roten Augen, als er das sagte.

Ich blieb zwei Jahr bei Trady und fühlte mich wirklich sehr glücklich. Dann wurde er krank; es kamen fremde Leute ins Haus, und ich wurde vernachlässigt. Trady hatte es gern, wenn ich auf sein Bett sprang, sodass er mich mit seiner langen mageren Hand streicheln konnte; und zuerst tat ich das auch. Aber ein kranker Mann ist nicht die beste Gesellschaft, wie Sie sich wohl denken können, und die Atmosphäre in einem Krankenzimmer ist auch nicht übertrieben gesund. Ich fühlte also, nachdem ich es hin und her überlegt hatte, dass es Zeit für mich war, von neuem einen Umzug zu bewerkstelligen.

Allerdings war es etwas schwierig, loszukommen. Trady fragte immerwährend nach mir, und sie versuchten, mich bei ihm festzuhalten: ihm schien seine Lage leichter zu sein, wenn ich da war. Endlich gelang es mir doch, und als ich einmal aus der Tür heraus war, legte ich eine genügend große Entfernung zwischen mich und das Haus, um nicht wieder eingefangen zu werden. Wusste ich doch, das Trady sein Leben lang die Hoffnung nicht aufgeben würde, mich wiederzukriegen.

Wohin ich gehen sollte, wusste ich freilich nicht. Zwei bis drei Häuser boten sich mir, aber keins sagte mir ganz zu. An einer Stelle, wo ich mich einen Tag lang aufhielt, um zu sehen, wie es mir gefallen würde, war ein Hund; und an einer anderen Stelle, die ich sonst ganz reizend gefunden hätte, war ein Baby. Wenn ein Kind einen am Schwanz zieht oder einem eine Papiertüte auf den Kopf setzt, kann man ihm eins auswischen, und niemand wird einen tadeln. Geschieht dir ganz recht, sagen sie dann zu dem schreienden Balg, du hättest das arme Tier nicht quälen sollen. Aber wenn man sich dagegen wehrt, dass das Baby einen an der Kehle fasst und versucht, einem das Auge mit einem hölzernen Löffelstiel auszustechen, wird man ein abscheuliches Tier genannt und durch den ganzen Garten gehetzt. Entweder ein Baby oder mich –: so denke ich.

Nachdem ich drei oder vier Familien ausprobiert hatte, setzte ich mich schließlich bei einem Bankier fest. Vom rein materiellen Standpunkt aus boten sich mir zwar vorteilhaftere Anträge; so hätte ich zum Beispiel in ein Wirtshaus gehen können, wo es Lebensmittel einfach unbegrenzt gab und wo die Hintertür die ganze Nacht über offen stand. Aber der Bankier – er war Kirchenältester, und seine Frau lächelte höchstens noch über den Witz eines Bischofs – lebte in einer Atmosphäre solider Ehrbarkeit, von der ich fühlte, dass sie meiner Natur zusagen würde. Mein liebes Kind, Sie werden Zyniker antreffen, die über Ehrbarkeit lächeln: hören Sie nicht auf sie. Ehrbarkeit trägt ihren Lohn in sich selbst – einen sehr realen und praktischen Lohn. Sie bringt einem vielleicht nicht leckere Gerichte und weiche Betten, aber sie bringt einem etwas Besseres und Bleibenderes ein; sie gibt einem das Bewusstsein, dass man das rechte Leben führt, dass man das Rechte tut, dass man, soweit der irdische Scharfblick es ermessen kann, dem rechten Ziele zusteuert und dass die andern es nicht tun. Lassen Sie sich niemals von irgendjemand, wer es auch sei, gegen die Ehrbarkeit aufsässig machen. Sie ist das Zufriedenstellendste auf dieser Welt – und auch das Billigste.

Ich lebte nahezu drei Jahre bei dieser Familie und sah

es ungern, als ich gehen musste. Wenn ich es hätte verhindern können, hätte ich sie nie verlassen. Aber eines Tages ereignete sich etwas mit der Bank, was den Bankier nötigte, eine plötzliche Reise nach Spanien anzutreten, und nachher wurde das Haus ein etwas unbehaglicher Aufenthaltsort. Lärmende, plebejische Leute hämmerten fortwährend an der Tür und drängten sich in den Hausflur; und bei Nacht warf die Bande Ziegelsteine in die Fensterscheiben.

Meine Gesundheit war damals sehr zart, und meine Nerven waren dem nicht gewachsen. So sagte ich der Stadt Lebewohl, ging wieder aufs Land und versuchte es bei einer gräflichen Familie.

Es waren große Angeber, aber ich hätte sie lieber gemocht, wenn sie häuslicher gewesen wären. Ich bin ein liebebedürftiges Geschöpf, und ich mag es leiden, Leute, die mich lieben, um mich zu haben. Sie waren in ihrer Art ganz gut gegen mich, aber sie nahmen nicht genügend Notiz von mir, und ich wurde es bald überdrüssig, Aufmerksamkeiten an Leute zu verschwenden, die sie weder zu schätzen wussten noch darauf reagierten.

Von ihnen ging ich zu einem Kartoffelhändler, der sich zur Ruhe gesetzt hatte. Gesellschaftlich war das ja ein Rückschritt, aber in Beziehung auf Behaglichkeit und Wertschätzung meiner selbst ein Schritt vorwärts. Der Kartoffelhändler und seine Familie schienen recht angenehme Leute und außerordentlich von mir eingenommen zu sein. Ich sage schienen, da beides sich als irrtümlich erwies. Nachdem ich ein halbes Jahr lang bei ihnen gewesen war, gingen sie auf und davon und verließen mich. Sie baten mich weder, sie zu begleiten, noch trafen sie Vorkehrungen für mein etwaiges Dableiben. Sie kümmerten sich offenbar gar nicht darum, was aus mir wurde. Eine derartig egoistische Indifferenz den Forderungen der Freundschaft gegenüber war mir etwas Unerhörtes. Es gab meinem Glauben an die menschliche Natur – der nie besonders stark war – einen Knacks. Ich beschloss, dass in Zukunft niemand mehr Gelegenheit haben sollte, mein Vertrauen zu täuschen. Meine jetzige Herrin wählte ich auf die Empfehlung eines mir befreundeten Herrn hin, der früher bei ihr gelebt hatte. Er sagte, sie sei eine ganz außerordentliche Wirtin. Der einzige Grund, weswegen er sie verlassen hatte, war, dass sie von ihm verlangte, allabendlich um zehn Uhr zu Hause zu sein. Und das vertrug sich nicht mit seinen übrigen Dispositionen. Mir machte es nichts aus – selbstverständlich; ich kümmere mich nicht um die Mitternachtsreunions, die so beliebt sind. Es sind immer zu viele Katzen da, um sich wirklich zu amüsieren, und früher oder später macht sich stets ein rüdes Element geltend. Ich bot mich der Dame also an, und sie nahm mich dankbar auf. Aber ich habe sie nie leiden mögen und werde es auch nie über mich bringen, denn sie ist eine alberne alte Person, und sie langweilt mich. Sie ist mir indessen ergeben, und solange sich nichts besonders Anziehendes bietet, werde ich bei ihr bleiben.

Das, mein Lieber, ist meine Lebensgeschichte, soweit sie sich bisher abgespielt hat. Ich erzähle sie Ihnen, um Ihnen zu zeigen, wie leicht es ist, irgendwo aufgenommen zu werden. Werden Sie sich über Ihr Heim klar und miauen Sie kläglich an der Hintertür. Wenn sie aufgemacht wird, laufen Sie hinein und reiben Sie sich an dem ersten besten Bein, das Ihnen entgegentritt. Aber reiben

Sie sich gründlich, und blicken Sie vertrauensvoll auf. Mit nichts, habe ich beobachtet, kommt man bei den menschlichen Wesen so schnell zum Ziel als mit Vertrauen. Es wird ihnen nicht oft geboten, und es gefällt ihnen. Immer vertrauensvoll! Zu gleicher Zeit aber auf der Hut sein! Wenn es Ihnen noch zweifelhaft ist, wie Sie aufgenommen werden, versuchen Sie es damit, sich etwas anzufeuchten. Warum die Leute eine nasse Katze einer trockenen vorziehen, habe ich nie verstehen können. Aber, dass eine nasse Katze in der Tat sicher sein kann, gut aufgenommen zu werden, und mit Zärtlichkeit übergossen wird, während eine trockene Katze Gefahr läuft, die Gartenspritze auf sich gerichtet zu sehen, das ist ein nicht wegzuleugnendes Faktum. Auch essen Sie, wenn es Ihnen möglich ist und es Ihnen geboten wird, ein Stückchen trockenes Brot. Das menschliche Geschlecht fühlt sich immer bis in seine tiefsten Tiefen erschüttert, wenn es eine Katze ein Stückchen trockenes Brot essen sieht.‹

Der schwarze Kater meines Freundes profitierte von der Weisheit der Chinchilla-Katze. Ein katzenloses Ehepaar war vor Kurzem nebenan eingezogen, und so beschloss er, es versuchsweise mit ihnen zu wagen. Am ersten regnerischen Tage ging er also aus und setzte sich vier Stunden lang aufs offene Feld. Am Abend, als er bis auf die Haut durchnässt und leidlich bei Appetit war, ging er miauend zu ihrer Tür. Ein Dienstmädchen machte ihm auf, worauf er sich eilig unter ihre Röcke machte und sich an ihren Beinen rieb. Sie schrie auf, und herunter kamen Hausherr und Hausfrau, um zu sehen, was los wäre.

›Eine zugelaufene Katze, gnädige Frau‹, sagte das Mädchen.

›Schmeißen Sie sie hinaus‹, sagte der Herr.

›Ach nein‹, sagte die Frau.

›Das arme Tier, es ist ganz nass‹, sagte das Hausmädchen.

›Vielleicht ist es hungrig‹, sagte die Köchin.

›Versucht es mit einem Stück trockenem Brot‹, brummte der Herr, der für Zeitungen schrieb und alles zu wissen meinte.

Sie versuchten es mit einer alten Kruste. Der Kater schlang sie gierig hinunter und rieb sich nachher dankbar an den hellen Beinkleidern des Hausherrn.

Da schämte sich der Mann seiner selbst wie seiner Hosen. ›Nun, dann wollen wir ihn hierlassen, wenn er will‹, sagte er.

So machte man es dem Kater behaglich, und er blieb.

Unterdessen suchten seine eigenen Leute überall nach ihm. Solange er da gewesen war, hatten sie sich nicht viel um ihn bekümmert; nun, da er fort war, waren sie untröstlich. Im Lichte seiner Abwesenheit erschien er ihnen als das einzige Wesen, das ihnen das Heim traulich gemacht hatte. Die Schatten des Verdachtes verdüsterten den Fall. Das Verschwinden des Katers, das zuerst ein Rätsel gewesen war, nahm die Gestalt eines Verbrechens an. Die Frau machte ihrem Gatten unverhohlen Vorwürfe, dass er das Tier nie gern gehabt hätte, und spielte deutlich darauf an, dass er und der Gärtner wohl ausreichend zuverlässigen Bericht über die letzten Augenblicke des Katers geben könnten; der Gatte wies jedoch den Argwohn mit einem Eifer von sich, der den ursprünglichen Verdacht nur noch berechtigter erscheinen ließ.

Der Dachshund wurde beauftragt herumzuspionieren.

Zu seinem Glück hatte er seit zwei Tagen keinen einzigen Kampf bestanden. Hätte man frische Blutspuren an ihm entdeckt, es wäre ihm übel ergangen.

Der schwerste Kummer wartete auf den jüngsten Jungen. Noch vor drei Wochen hatte er dem Kater Puppenkleider angezogen und ihn im Kinderwagen durch den Garten befördert. Er hatte das vergessen; die göttliche Gerechtigkeit nicht. Als der Kummer um den verlorenen Liebling aufs Höchste gestiegen war, gedachte man der Untat: es wurde allgemein als große Erleichterung empfunden, ihn zu ohrfeigen und ihn auf der Stelle ins Bett zu schicken.

Nach Verlauf von vierzehn Tagen kam der Kater, da er einsah, dass er sich im Grunde nicht verbessert hatte, zurück. Die Leute waren so überrascht, dass sie zunächst gar nicht wussten, ob er Fleisch und Blut oder ein Geist wäre, der sie zu trösten gekommen wäre. Nachdem er aber vor ihren Augen ein Pfund roher Koteletts verzehrt hatte, beruhigten sie sich, hoben ihn auf und drückten ihn ans Herz. Eine Woche lang überfütterten sie ihn und machten viel Wesens mit ihm. Aber als sich die Erregung abgekühlt hatte, merkte er, dass man ihn in seine alte Stellung zurücksinken ließ; das mochte er nicht und klopfte wieder nebenan.

Die Leute nebenan hatten ihn auch vermisst und begrüßten seine Rückkehr gleichfalls mit außerordentlichen Freudenausbrüchen. Das gab dem Kater einen Gedanken ein. Er sah, dass es seine Lebensaufgabe sein musste, die beiden Familien gegeneinander auszuspielen. Und das tat er. Er blieb abwechselnd vierzehn Tage bei einer jeden und lebte wie Gott in Frankreich. Seine Rückkehr wurde

jedes Mal mit Begeisterung begrüßt und alle Mittel an-
gewandt, ihn zum Dableiben zu bewegen. Seine kleinen
Liebhabereien wurden liebevoll studiert und seine Lieb-
lingsgerichte immerwährend in Bereitschaft gehalten.

Das Spiel seiner Reisen wurde schließlich bekannt,
und die beiden Familien stritten seinetwegen über den
Gartenzaun hinweg. Mein Freund klagte den Zeitungs-
mann an, den Kater weggelockt zu haben. Der Zeitungs-
mann gab zurück, dass das arme Tier nass und verhungert zu seiner Tür gekommen wäre, und meinte, er würde
sich an jenes Stelle schämen, ein Tier zu halten, nur um
es zu malträtieren. Sie haben durchschnittlich zweimal
wöchentlich seinetwegen Streit miteinander. Nächster
Tage wird es wahrscheinlich zu Tätlichkeiten kommen.«

Jephson, den die Geschichte zu überraschen schien,
verhielt sich schweigend und gedankenvoll. Ich fragte
ihn, ob er noch mehr davon hören wolle, und da er sich
nicht sichtlich dagegen auflehnte, fuhr ich fort. (Möglich, dass er schlief; aber der Gedanke kam mir erst später.)

Ich erzählte ihm von der Katze meiner Großmutter,
die elf Jahre lang einen untadeligen Lebenswandel ge-
führt und eine Familie von ungefähr sechsundsechzig
Gliedern (die nicht mitzurechnen, die in ihrer Jugend in
der Regentonne starben) großgezogen hatte. Dann in
ihrem hohen Alter ergab sie sich dem Trunk und wurde
in einem Zustand schweren Rausches – es gibt eine göttliche Gerechtigkeit! – von einem Bierbrauerwagen über-
fahren. Ich habe in einem Traktat gegen Alkoholmiss-
brauch gelesen, dass kein Tier alkoholhaltige Getränke
anrühre. Ich gebe höflichst den Rat, den Tieren nie, wenn

sie rechtschaffen erhalten werden sollen, Gelegenheit dazu zu geben. Zum Beispiel habe ich ein Pony gekannt – aber nicht doch; bleiben wir lieber bei der Katze meiner Großmutter.

Ein leckes Bierfass war die Ursache ihres Falls. Meist war eine Schüssel darunter gestellt, die Tropfen aufzufangen. Eines Tages, als die Katze Durst hatte und nichts anderes zu trinken fand, leckte sie davon, mochte es gern, leckte wieder, ging eine halbe Stunde spazieren, kam zurück und machte dem Inhalt der Schüssel ein Ende. Dann setzte sie sich dazu und wartete, bis sie sich wieder füllte.

Ich glaube, von dem Tage an bis zu der Stunde, da sie starb, ist die Katze nie wieder ganz nüchtern gewesen. Ihre Tage verbrachte sie in grauem Katzenjammer vor dem Küchenfeuer, ihre Nächte im Bierkeller.

Meine Großmutter gab vor Entrüstung und Kummer darüber das Fass auf und gewöhnte sich an Flaschenbier. Die Katze, die so zu erzwungener Abstinenz verdammt war, trieb sich anderthalb Tage lang in ärgerlichem, streitsüchtigem Zustand im Hause herum. Dann verschwand sie und kehrte gegen elf Uhr zurück – voll wie eine Strandhaubitze!

Wohin sie ging und wie sie es fertigbrachte, sich Getränke zu verschaffen, haben wir nie entdeckt; aber Tag für Tag spielte sich dasselbe Programm ab. Morgens verwendete sie ihre Zeit darauf, unsere Wachsamkeit zu vereiteln und zu entkommen; spät am Abend wankte sie über die Felder in einem Zustand heim, den ich lieber nicht beschreiben will. Meine Feder sträubt sich.

Es war an einem Sonnabendabend, als das traurige Ende, auf das ich hinwies, sie ereilte. Sie muss stark betrunken gewesen sein. Der Mann erzählte uns, dass er infolge der Dunkelheit und weil die Pferde müde waren, kaum schneller als eine Schnecke vorwärtsgekommen sei.

Ich glaube, meine Großmutter fühlte sich erlöst; wenigstens klagte sie nicht. Es hatte eine Zeit gegeben, wo sie die Katze geliebt hatte, aber ihr Betragen in letzter Zeit hatte die Zärtlichkeit getötet. Wir Kinder begruben sie im Garten unter dem Maulbeerbaum; aber die alte Dame bestand darauf, dass ihr kein Leichenstein gesetzt, nicht einmal eine Umgrenzung gemacht werden sollte. So liegt sie da, entehrt, in eines Säufers Grab.

Ich erzählte ihm dann von einer anderen Katze, die meine Familie einst besessen hatte. Die war ganz Mutter. Ohne Familie fühlte sie sich nicht glücklich. In der Tat, ich kann mich ihrer nicht entsinnen, ohne irgendwelche Familie. Es kam ihr nicht so genau darauf an, was für eine Art von Familie es war. Wenn sie nicht Kätzchen haben konnte, begnügte sie sich mit jungen Hunden oder Ratten. Alles, was sie nur irgendwie waschen und füttern konnte, schien sie zufriedenzustellen. Ich glaube, sie würde Küken aufgezogen haben, hätten wir sie ihr anvertraut.

Alles, was sie an Verstand besaß, muss ihr zu Mutterliebe geworden sein, denn viel Urteil hatte sie nicht. Sie konnte nie den Unterschied zwischen ihren und fremder Leute Kinder feststellen. Sie hielt alles Junge für Kätzchen. Einmal schoben wir ihr einen jungen Wachtelhund unter, der seine eigene Mutter verloren hatte. Ich werde nie vergessen, wie erstaunt sie war, als er das erste Mal bellte. Sie ohrfeigte ihn rechts und links, und dann setzte sie sich hin und betrachtete ihn mit einem Ausdruck ängstlicher Sorge, der ergreifend war.

»Du bist auf dem Wege, deiner Mutter Ehre zu machen«, schien sie zu sagen. »Du bist ein rechter Trost für meine alten Tage! Solchen Lärm zu machen! Und wie dir die Ohren übers Gesicht bammeln! Ich möchte wohl wissen, von wem du das hast!«

Er war ein gutes Hündchen und versuchte zu miauen, ja er versuchte, sich das Gesicht mit der Pfote zu waschen und den Schwanz still zu halten, aber der Erfolg kam dem guten Willen nicht gleich. Ich weiß nicht, was trauriger stimmte, seine Bemühungen, eine ehrliche Katze zu werden, oder die Verzweiflung der Pflegemutter, ihn je dahin zu bringen.

Später gaben wir ihr ein junges Eichkätzchen, um es großzuziehen. Sie hatte damals gerade eine eigene Familie, aber sie nahm es unter der Voraussetzung, dass es ein Kätzchen wäre, das sie doch wohl übersehen haben musste, mit Begeisterung auf, und bald wurde es ihr Liebling. Sie liebte seine Farbe und war in Mutterwürde stolz auf seinen Schwanz. Was sie beunruhigte, war, dass es ihn immer über den Kopf wippen ließ. Sie hielt ihn mit einer Pfote nieder und leckte ihn halbe Stunden lang; so versuchte sie, ihm schicken Sitz beizubringen. Aber sobald sie ihn losließ, wups, war er wieder über dem Kopf. Ich habe sie aus Ärger darüber schreien hören.

Eines Tages besuchte sie eine Nachbarkatze; das Eichkätzchen war offenbar der Gegenstand ihres Gespräches.

»Die Farbe ist gut«, sagte die Freundin; dabei warf sie einen kritischen Blick auf das vermeintliche Kätzchen, das auf seinen Hinterbeinchen saß und sich den Bart putzte. Sie erwähnte die einzig wirklich gute Eigenschaft, die ihr auffiel.

»Eine charmante Farbe«, bestätigte unsere Katze stolz.

»Aus seinen Beinen mache ich mir nicht viel«, bemerkte die Freundin.

»Nein«, gab die Mutter nachdenklich zurück, »darin haben Sie recht. Die Beine sind der wunde Punkt. Ich muss gestehen, dass ich selbst nicht viel von seinen Beinen halte.«

»Möglich, dass sie später voller werden«, flocht die Freundin liebenswürdig ein.

»Ach ja, ich hoffe es«, erwiderte die Mutter, die ihre eben eingebüßte Fröhlichkeit wiederfand. »Ach ja, mit der Zeit werden sie sich schon rausmachen. Und dann sehen Sie sich den Schwanz an! Na, seien Sie mal ehrlich, haben Sie je eine junge Katze mit einem eleganteren Schwanz gesehen?«

»Ja, der Schwanz ist gut«, gab die andere zu, »aber, warum gewöhnen Sie ihn daran, immer über dem Kopf zu stehen?«

»Das tue ich nicht; es kommt von selbst. Ich kann es mir nicht erklären. Hoffentlich wird er gerade werden, wenn das Kind erst älter ist.«

»Es wäre schrecklich, wenn er es nicht würde«, sagte die Freundin.

»Ja, aber er wird es sicher«, antwortete unsere Katze. »Ich muss ihn mehr lecken. Es ist ein Schwanz, den man viel lecken muss; das sieht man ja.«

Und nachdem die andere Katze gegangen war, saß sie stundenlang da und putzte ihn. Doch zu guter Letzt, als sie die Pfote wegnahm und er wieder wie eine stählerne

Sprungfeder über den Kopf des Eichkätzchens zurückschnappte, saß sie da und starrte es mit Gefühlen an, die nur diejenigen meiner Leser zu verstehen fähig sein werden, welche selbst Mütter gewesen sind.

»Was habe ich getan«, schien sie zu fragen, »was habe ich getan, dass diese Strafe über mich gekommen ist?«

Jephson ermunterte sich nach Beendigung dieser Anekdote und setzte sich auf.

»Du und deine Freunde scheinen Besitzer sehr merkwürdiger Katzen gewesen zu sein«, bemerkte er.

»Ja«, antwortete ich, »unsere Familie hat ein außerordentliches Glück mit ihren Katzen gehabt.«

»Merkwürdig das«, gab Jephson zu, »ich bin nur einem Manne begegnet, von dem ich dann und wann noch wunderbarere Katzengeschichten gehört habe als von dir.«

»So?«, fragte ich, vielleicht nicht ohne eine leise Note der Eifersucht in meiner Stimme, »und wer war das?«

»Es war ein seefahrender Mann«, antwortete Jephson. »Ich traf ihn auf einer Pferdebahn, und wir sprachen von dem Scharfsinn der Tiere.

›Ja, Herr‹, sagte er, ›Affen sind schlau. Ich habe Affen gekannt, die manchen Schlingeln, unter denen ich gesegelt habe, Ratschläge hätten erteilen können; und Elefanten sind ganz flinke Tiere, wenn man alles glauben darf, was von ihnen erzählt wird. Ich habe kolossale Elefantengeschichten gehört. Und Hunde, die haben natürlich den Kopf auf dem rechten Fleck, dem widerspreche ich nicht; ganz gewiss nicht. Aber was ich sage: schnurgerade, normale Denkkraft – allemal nur bei Katzen. Sehen Sie, Herr, der Hund hält riesenhaft viel vom Menschen –

kein schlaueres Wesen als der Mensch, nach Meinung des Hundes; und er sorgt, dass jedermann das erfährt. Klar, dass wir sagen, der Hund ist das intelligenteste Tier überhaupt. Die Katze aber hat ihre eigene Meinung über die menschlichen Kreaturen. Sie sagt nicht viel, aber man weiß genug und dankt, mehr davon zu erfahren. Natürlich, wir sagen, Katzen sind dumm. Da geht unser Vorurteil mit unserem Urteil durch. Wo es auf geraden, gesunden Verstand ankommt, gibt's keine Katze, die nicht den Hund übersegelte. Haben Sie je einen Hund an der Kette beobachtet, wenn er versucht, eine Katze zu töten, die drei viertel Zoll von ihm entfernt sitzt und sich das Gesicht wäscht? Natürlich, haben Sie das. Nun, wer meinen Sie, ist der klügere? Die Katze weiß, dass es nicht in der Natur stählerner Ketten liegt, zu zerreißen. Der Hund dagegen, der doch ein gut Teil mehr davon wissen sollte, glaubt sicher, dass sie reißen wird, wenn er nur laut genug bellt.

Und dann, sind Sie je durch Katzengeschrei in der Nacht wild gemacht worden, aus dem Bett gesprungen, haben das Fenster aufgerissen und *Ruhe –!* geschrien? Sind die Katzen darum je um einen Zoll gewichen, obgleich Sie laut genug schrien, um Tote aufzuschrecken, und dabei mit dem Arm herumfuchtelten wie die Leute auf dem Theater? Ist Ihnen gar nicht eingefallen! Sie haben sich umgedreht und Sie angeguckt, das war alles. ›Schrei nur weiter, alter Bursche‹, haben sie gesagt, ›wir hören dich gern: je mehr, desto lustiger für uns!‹ Was haben Sie getan? Sie haben eine Haarbürste oder einen Stiefel oder einen Leuchter gepackt und getan, als ob Sie damit werfen wollten. Die Tiere haben Ihre Fechterstellung gesehen und das Ding in Ihrer Hand und sind nicht von der Stelle gewichen. Die wussten, dass Sie nicht Ihr wertvolles Eigentum aus dem Fenster werfen würden und dabei riskierten, es zu verlieren oder zu beschädigen. Die haben Verstand und trauen Ihnen welchen zu. Wenn Sie das nicht glauben, versuchen Sie's das nächste Mal mit einem Stück Kohle oder einem Ziegel – etwas, wovon sie wissen, dass Sie es werfen werden. Ehe Sie so weit sind, fort ist die Katze.

Und dann, in Sachen des Urteils und der Weltkenntnis sind Hunde die reinen Säuglinge gegen sie. Haben Sie je probiert, einer Katze Quatsch zu erzählen, Herr?«

Ich sagte, dass Katzen oft zugegen gewesen seien, wenn ich Geschichten zum Besten gab, dass ich bis jetzt ihrem Betragen aber keine besondere Aufmerksamkeit geschenkt hätte.

»Nun, dann nehmen Sie die Gelegenheit wahr und tun Sie es mal, Herr«, antwortete der alte Bursche, »es lohnt sich. Wenn Sie eine Geschichte vor einer Katze erzählen und es ihr dabei nicht unbehaglich wird, dann können Sie sicher sein, eine Geschichte zu haben, die Sie mit ruhigem Gewissen dem Lord Oberrichter erzählen können.«

»Ich habe einen Bootsmaat«, fuhr er fort, »William Croley ist sein Name. Wir nennen ihn den biederen Willelm. Er ist ein tüchtiger Seemann, wie nur je einer ein Schiffsdeck betreten hat; aber wenn er sich daranmacht, Geschichten zu erzählen, ist er nicht der Mann, auf den man sich verlassen kann. Willelm also hat einen Hund, und ich habe den Köter dasitzen sehen und mit angehört, wie er vor dem Hunde Geschichten erzählt hat, bei denen eine Katze aus der Haut gefahren wäre, aber der

Köter hat dagesessen und hat sie geglaubt. An einem Abend, den wir bei seiner alten Wirtschafterin zubrachten, erzählte uns Willelm eine Geschichte, neben der altes Räucherfleisch, das seine zwei Reisen mitgemacht hat, für jungen Hühnerbraten gelten konnte. Ich beobachtete den Hund, um zu sehen, wie er sie aufnehmen würde. Er hörte sie von Anfang bis zu Ende mit gespitzten Ohren an und blinzelte nicht einmal. Dann und wann sah er sich erstaunt oder entzückt um, als wenn er sagen wollte: ›Großartig, was? Gott, wenn man sich so was vorstellt! Nu soll mir noch einer! Na, wenn das nicht allem die Krone aufsetzt.‹ Es war ein dummer Köter. Man hätte ihm einfach alles erzählen können.

Es quälte mich förmlich, dass Willelm so'n Tier, das ihn noch bestärkte, um sich hatte, und als er fertig war, sagte ich ihm: ›Ich wollte, du erzähltest die Geschichte mal eines Abends bei mir.‹

›Warum?‹, fragte Bill.

Ich meine nur so, sagte ich. Ich sagte ihm nicht, dass ich wollte, meine alte Katze sollte es hören.

›Schön, schön‹, sagte Willelm, ›erinnere mich dran.‹ Willelm erzählte immer gern.

Am zweitnächsten Abend kletterte er in meine Kabine und ich mit. Wir waren unserer etwa ein halbes Dutzend, die ausgestreckt dalagen, und die Katze saß vor dem Feuer und putzte sich. Ehe Willelm noch recht in Fahrt gekommen war, hält sie mit Waschen inne und sieht zu mir auf, als ob sie stutzig würde und mir sagen wollte: ›Haben wir hier einen Missionar?‹ Ich gab ihr ein Zeichen, sich ruhig zu verhalten, und Willelm fuhr mit seiner Geschichte fort. Als er an die Stelle mit den Haifischen kam, drehte sie sich energisch um und sah mich an. Ich sage Ihnen, es lag ein Ausdruck des Ekels in dem Gesicht der Katze, der jeden reisenden dummen Jungen hätte erröten machen. Es war menschlich, ich gebe Ihnen mein Wort darauf, Herr, ich vergaß in dem Augenblick, dass das arme Tier nicht sprechen konnte. Ich konnte die Worte sehen, die ihm auf den Lippen schwebten: ›Warum erzählen Sie uns nicht, Sie hätten den Anker verschluckt?‹ – Ich saß wie auf Kohlen; ich fürchtete jeden Augenblick, sie würde es laut sagen. Es war mir ein Trost, dass sie Willelm den Rücken zuwandte.

Einige Minuten lang saß sie ganz still da und schien mit sich selbst zu kämpfen. Ich habe nie wieder eine Katze gesehen, so darauf bedacht, sich selbst zu beherrschen. Sie litt im Stillen. Es tat meinem Herzen wehe, das zu beobachten.

Zuletzt kam Willelm zu der Stelle, wo er und der Kapitän das Maul des Haifisches aufhielten, während der Schiffsjunge mit dem Kopfe zuerst hineintaucht und die unverdaute goldene Uhr nebst Kette hervorgeholt, die der Verunglückte getragen hatte, als er über Bord fiel. Hierbei kreischte die alte Katze auf, warf sich auf die eine Seite und streckte alle viere in die Luft.

Ich dachte zuerst, das arme Ding wäre tot, aber sie raffte sich nach einem Weilchen wieder auf, und es schien, als nähme sie alle Kräfte zusammen, um die Sache zu Ende zu hören.

Aber dann trieb es ihr Willelm doch wieder zu bunt, und diesmal schuldete sie es sich, zu protestieren. ›Sie werden verzeihen, meine Herren‹, sagte sie – wenigstens sagte sie's, wenn Blicke überhaupt noch gelten –, ›es mag sein, dass Sie an derartigen Quatsch gewöhnt sind und es nicht auf Kosten Ihrer Nerven geht. Mit mir aber ist das eine andere Sache. Mir scheint, ich habe gerade so viel davon mit angehört, als meine Konstitution mir erlaubt, und wenn es Ihnen nichts verschlägt, will ich lieber hinausgehen, ehe mir übel wird.‹

Damit schritt sie auf die Tür zu, ich machte sie ihr auf, und sie ging hinaus.

Katzen lassen sich nicht wie Hunde mit jedem Geschwätz narren.«

Keto von Waberer

Das mit der Katze

Am Morgen, als Luise aufstand und in die Küche ging, um Kaffee zu machen, schaute sie, während das Wasser heiß wurde, aus dem Fenster und sah zu, wie der Hausmeister im Hof die Blätter zusammenkehrte. Die Blätter waren gelb und glänzend feucht und klebten auf den Steinplatten. Der große Baum leuchtete im dunstigen Grau des Hofes sehr hell und satt gelb, als ginge das Morgenlicht auf den Hauswänden ringsum von ihm aus.

Luise trug die große Tasse vorsichtig durch den Gang und öffnete die Tür zur Schrankkammer, ohne etwas zu verschütten. Seit sie allein in der Wohnung lebte, trug sie die Tassen oft mit sich herum. Sie setzte sich nie an den Küchentisch, sondern stellte die Tassen auf das Bücherregal oder auf den Boden neben den Schallplattenstapel, um beim Trinken in Büchern zu blättern oder Musik zu hören.

Mit Albert hatte sie immer am Küchentisch gesessen und die Zeitung gelesen. Wer die Zeitung hereinholte, die am Morgen vor der Tür lag, durfte aussuchen, welchen Teil er zuerst lesen wollte. Meistens hatte Luise die Zeitung hereingeholt.

Auch Teller mit Essen trug sie jetzt mit sich herum, abends lag sie in der Badewanne und aß Brathering mit den Fingern, um gleichzeitig den Fernseher im Auge zu behalten, der auf einem Stuhl in der offenen Badezimmertür stand. Manchmal vergaß sie einen halbvollen Teller irgendwo und fand ihn erst nach ein paar Tagen wieder. Eingetrocknete Wurstscheiben klebten auf einer gebogenen Brotschnitte neben einem Häufchen dunkelbraunem Senf.

In der Schrankkammer suchte sie nach einem Platz für die Tasse, stellte sie gewagt auf einem Stoß T-Shirts ab. Sie wühlte in dem großen Kleiderhaufen, der auf dem Boden lag, nach Wollsocken, legte gedankenlos ein paar Jeans zusammen und warf eine zerknitterte Bluse über die aufgehängten Kleider. Sie fand Skisocken. Als sie sich aufrichtete, saß die Katze auf dem Kleiderberg und sah sie an. Die Katze war schwarz und massig. Nun erhob sie sich träge und wartete bewegungslos. Einen Herzschlag lang standen Katze und Frau Auge in Auge da, Luise verwirrt, die Katze ruhig.

In der vergangenen Nacht hatte Luise von einem Fluss geträumt, der durch die Wohnung strömte und alles mitriss, ihre Kleider, ihre Schuhe, die Kübel mit Farn. Sie hatte vom Bett aus zugeschaut und gespürt, wie auch das Bett schwankte und von der Wand abstieß, um mit fortzuschwimmen. Der Traum war so stark gewesen, dass sie am Morgen, ehe sie aus dem Bett stieg, vorsichtig mit den Zehen auf den Teppich tippte, um zu sehen, ob er nass war. Sie hatte im Vorbeigehen die Farne berührt und in der Küche, während sie das Gas anzündete, eine große Beklommenheit darüber empfunden, dass sie in der Nacht nichts hatte retten können. Sie hatte die Hand nicht ausgestreckt nach den vorbeitreibenden Büchern und im

Bett gehockt wie ein Schiffbrüchiger, der auf einem Floß treibt, kalt und ohne Hoffnung auf Rettung.

Die Katze sah aus wie Kali, aber Kali war vor zwei Jahren verschwunden und zu ihrer heimlichen Erleichterung nicht wiedergekommen. Kali hatte sich nie von ihr liebkosen lassen, sondern nur gnädig Futter und Wasser angenommen, ohne sich um sie zu kümmern. Auf Alberts Schulter aber war sie gesprungen, sobald er die Tür aufsperrte, und seine erste Begrüßung hatte immer der Katze gegolten.

Luise ließ das Licht in der Schrankkammer brennen und schloss die Tür. Sie ging ins Bad und setzte sich auf den Rand der Wanne. Kali war in der Schrankkammer, dort hatte sie geschlafen wie immer. Es war Herbst, das hatte sie an dem Baum im Hof gesehen. Vielleicht war heute der Morgen eines schönen Herbsttages. Bald würde die Sonne den Dunst vertreiben, und Klara würde mit Albert in der Küche sitzen und mit der Zeitung rascheln – oder war heute Sonntag? Warum saß sie allein im Bad, mit Wollsocken an den Füßen? Jetzt fiel ihr ein, sie hatte einen langen schlimmen Traum gehabt, einen langen Traum von Albert. Albert war ausgezogen. Albert, der im Zimmer auf und ab ging, mit hochgestelltem Hemdkragen, und auf sie einsprach, während er seine Papiere in den Koffer warf, dass es staubte. Albert, der gequält aussah und fast die Hände rang, und sie, sie war auf dem Bett gesessen und hatte seine Erklärungen nicht verstanden, denn er wollte ihr etwas Unverständliches erklären. Sie hatte ihn nicht gehört, wie ihr das oft in bösen Träumen geschah, hatte sich auch nicht bewegen können, und dann hatte der Fluss ihr gelbes Kleid fortgetragen, das maisgelbe Kleid, das Albert ihr Mandarinkleid nannte. Aber das war ein anderer Traum gewesen.

Sie stand auf und sah im Spiegel eine Frau, die die Augen weit aufriss. Sie musste gerade etwas Entsetzliches gesehen haben. Sie lächelte der Frau zu, und die versuchte auch zu lächeln. Aber so gefiel sie ihr noch weniger.

Leise ging sie durch den Gang in die Küche. Das Wasser im Kessel war noch heiß. Sie nahm eine neue Tasse aus dem Schrank und schüttete Pulverkaffee hinein. Im Hof putzte der Hausmeister sein Fahrrad. Es war jetzt heller draußen, und der Baum leuchtete nicht mehr so stark.

Ich habe vorhin eine Katze in der Schrankkammer gesehen, dachte Luise, als sie die Tasse auf den Schreibtisch im Wohnzimmer stellte. Das muss ich mir eingebildet haben. Aber sie wagte nicht nachzusehen, sondern setzte sich auf den Stuhl und knipste die Lampe neben dem Papierstapel an. Als sie sah, wie viel sie am Vortag übersetzt hatte, fühlte sie sich beruhigt. Sie spitzte die Bleistifte, trank von ihrem Kaffee und legte das Lexikon neben sich auf den Tisch.

Wenn sie den ganzen Tag arbeitete, zog sie sich manchmal gar nicht an, wickelte höchstens ein Tuch um die Hüften, wenn ihr im Nachthemd zu kalt wurde. Sie schrieb mit Bleistift und verbesserte später mit Kugelschreiber. Albert hatte im Nebenzimmer getippt, ganz leise und mit langen Pausen, wenn er nachdachte. Sie hörte ihn oft auf und ab gehen und vor sich hin sprechen, ein genuschelter Singsang, zu dem er manchmal mit den Fingern schnalzte. Nicht an jenem Morgen. Da hatte er laut gesprochen, aber erst als er merkte, dass sie ihn nicht hören konnte. Seine Ader auf der Stirne war angeschwollen, und sein Hals hatte sich gespannt. Erst da hatte sie begriffen, dass er schrie. Vielleicht machte sie ihm Angst, weil sie so still dasaß. Vielleicht dachte er, sie sei tot. Er hatte sie geschüttelt. Sie lächelte, als ihr einfiel, wie er sie geschüttelt hatte und wie sie beide fast vom Bett gefallen wären. Sie hatte sich nicht gewehrt, war nur verblüfft gewesen, wie schlaff sich ihr Körper anfühlte unter seinen Händen. Sie hatte das Gefühl gehabt, alles an ihr sei starr und hart.

Sie stand auf und horchte an der Tür zur Schrankkammer. Vorsichtig öffnete sie die Tür einen Spalt und sah hinein. Die Katze lag auf einem Mohairpullover in der Ecke, im Schatten unter den aufgehängten Kleidern, und sah zu ihr herüber. Luise wagte nicht, sie zu berühren. Kali hatte es nicht gerne, wenn man sie berührte, und es kränkte Luise, wie sich das Tier vor der näher kommenden Hand zurückzog. Einmal ertappte sie sich dabei, wie die Finger der hingehaltenen Hand sich krümmten, um die Katze zu packen und auf sie einzuschlagen. Das hatte sie verwirrt und erschreckt. Aber sie wusste, dass dies nicht der eigentliche Grund war, warum sie die Katze, die so friedlich dalag, nicht berührte.

Die braunhaarige Frau, die Albert zum Abendessen mitbrachte, hatte einen Norwegerpullover mit zwei Sternen auf der Brust angehabt. Sie arbeite bei einer Zeitung, sagte Albert, und sie lebe so tapfer und allein mit ihrem Kind, sagte Albert, und komme nicht genug unter Leute. Das Kind brachte sie tagsüber zu ihrer Mutter, erfuhr Luise, als sie die Weinflasche aufmachte. Und die Arbeit bei der Zeitung sei schwer für eine junge Frau wie sie, sie sei so schüchtern, das fügte Albert hinzu und legte der schüchternen Frau dabei Fleisch auf den Teller. Die sah ihm dabei zu und sprach nicht viel, aber als Luise den Apfelstrudel aus dem Rohr holte, fing sie an zu weinen, und Albert, der ihr bis dahin mit seltsamem Stolz wie einem Kind beim Essen zugesehen hatte, geriet in eine ganz seltsame flattrige Aufregung über diese Tränen. Er rief Luise zu, sie solle den Sherry aus dem Wohnzimmer holen, in einem Ton, wie jemand nach einem Pflaster ruft. Albert schrieb Artikel für die Zeitung, in der die junge Frau dort in der Anzeigenabteilung arbeitete. Luise hatte mit Erstaunen bemerkt, wie verändert er war, wenn sie ihn in der Redaktion anrief. Einmal hatte er mittags nicht »Auf Wiedersehen«, sondern »Mahlzeit« zu ihr gesagt.

Als Luise der Frau ein Glas Sherry einschenkte, waren die Tränen versiegt, nur ihre Augen glänzten noch, und als Luise fragte, ob sie über irgendetwas traurig sei, hatte sie gelacht und sich am Sherry verschluckt. Albert hatte sie bald nach Hause gebracht.

Luise legte ihre Hand auf den Rücken der Katze; sie ließ sich ruhig aufheben, war warm und schwer, schnurrte aber nicht, sondern schloss nur etwas gelangweilt halb die Augen. Luise hob ihr den Kopf, und obwohl sie sofort sah, dass der weiße Fleck, den Kali unter dem Kinn gehabt hatte, nicht da war, suchte sie doch mit zitternden Fingern das Fell ab, als suche sie eine Zecke. Sie weinte jetzt, während sie die Katze langsam durch den Gang zur Tür trug, flüsterte ihr zu, alles würde gut werden, sie werde nach Hause finden, und sie solle sich nicht fürchten. Die Katze ließ sich zur Wohnungstür tragen, ohne sich zu wehren, aber als Luise sie hinaussetzen wollte, machte sie sich ganz plötzlich mit großer Wendigkeit von Luise los und sprang auf den Boden. Die Schiebetür, die den kleinen Gang an der Tür von der übrigen Wohnung trennte, stand einen Spaltbreit offen. Mit drei Sätzen war die Katze am Kleiderständer vorbei und schlüpfte durch den Spalt. Als Luise hastig die Tür aufschob, war sie verschwunden.

Luise war wütend. Sie zitterte vor Wut. Da war keine Schreibmaschine zu hören, und auch im Schlafzimmer war das Bett leer. Was wollte die Katze hier? Sie gehörte in ein früheres Leben.

Luise setzte sich an ihren Schreibtisch und lauschte hinaus in die leere Wohnung, in der nur die Katze herumlief. Sie fühlte sich schwach und brach zwei Bleistifte ab. Um ein Wort nachzuschlagen, brauchte sie lange, die Wörter flossen vor ihren Augen ineinander und neckten sie.

In der Schrankkammer war die Katze nicht, auch nicht im Schlafzimmer unter dem Bett, auch nicht im Wohnzimmer auf dem Schrank oder hinter dem Vorhang. Die Tür von Alberts Zimmer war zu gewesen, aber Luise schaute trotzdem hinein. Sie stand eine Weile auf der Schwelle und betrachtete das Bügelbrett und den Staubsauger, die sich aneinander lehnten, als wüssten sie, dass Luise sie nicht mochte. Zuletzt suchte Luise in der Küche und im Klo, aber auch dort fand sie die Katze nicht. Als sie zum dritten Mal die ganze Wohnung abgesucht hatte, begann sie sich anzuziehen. Sie schwitzte und wischte ihr Gesicht am Nachthemd ab, als sie es über den Kopf zog. Sie zerrte Kleider, Hosen und Pullover aus dem Haufen in der Kammer, ließ sie wieder fallen und wühlte weiter. Dabei schimpfte sie vor sich hin, drohte der Katze, sie umzubringen, und sagte Albert, er könne sie nicht daran hindern. Sie sagte ihm auch, er solle seine Tweedjacke abholen, endlich, oder sie würfe sie aus dem Fenster und seine Winterstiefel dazu.

In jenem Winter war Albert immer schweigsamer geworden. Wenn er neben Luise im Park durch den Schnee ging, hielt er die Hände tief in den Taschen seiner Jacke und schaute entweder zu Boden, wo seine Pelzstiefel kleine Schneewolken aufwirbelten, oder seltsam rotäugig über die Baumwipfel hin. Am zugefrorenen See ließ er Luise allein die Enten füttern. Er pfiff hin und her stampfend ein Lied, das Luise nicht kannte. Die Melodie gefiel ihr nicht, sie klang so traurig und fremd. Der Mann, der neben ihr herging und nicht sprach, kam ihr vor wie ein Mann aus einem anderen Land, der nichts weiter von dort mitgebracht hatte als dieses kleine Lied, an das er sich festhielt, um kein Heimweh zu haben.

Nachts hatte er Luise manchmal geweckt und mit ungeschickten Küssen und kalten Händen erschreckt, um dann später im Dunkeln mit einem Marmeladebrot in der Küche zu hocken. Er war zusammengefahren, als Luise Licht machte, und hatte sich von ihr unter Fragen und Zärtlichkeiten ins Bett führen lassen. In anderen Nächten aber sperrte er sich in sein Zimmer ein, und Luise hörte keinen Laut von drinnen. Er gab auch keine Antwort, wenn sie ihn rief, behauptete am nächsten Morgen mürrisch, er müsse nachdenken. Sie störe ihn, murmelte er, ohne sie anzusehen, drohte ihr sogar an, auf der Couch in der Redaktion zu schlafen, wenn sie ihn nicht in Ruhe ließe. Luise war beleidigt gewesen und hatte nichts mehr gefragt.

Sie sah dreimal nach, ob der Hausschlüssel in ihrer Tasche steckte, denn seit sie allein lebte, hatte sie sich schon öfter ausgesperrt. Sie durchsuchte noch einmal alle Zimmer und schlug, als sie nichts fand, mit Wucht die Tür hinter sich zu.

Luise kaufte sich eine Zeitung. Im Café war es warm und halbdunkel. Sie setzte sich auf eine Bank an der Wand und sah umher. Sie hielt die Zeitung in der Hand und zwang sich, mit dem Lesen zu warten, bis der Tee vor ihr stand. Sie zwang sich auch, die anderen Leute zu betrachten, die um sie herum saßen. Drei alte Frauen am Nebentisch trugen alle Hüte. Ein Mann, der am Fenster saß, bohrte in der Nase, während er sein Ei löffelte. Dotter lief an der weißen Eierschale hinunter.

Die Katze war gewachsen und füllte die ganze Wohnung aus. Ihr Auge spähte riesengroß aus dem Fenster nach Luise aus. Ihr Auge mit der goldenen Iris, in der sich ein brodelnder Wirbel um die Pupille zusammenzog, füllte das ganze Fenster.

Luise öffnete die Zeitung. In der Wohnung gab es keine Katze. Sie hatte die Katze geträumt. Sie war noch halb im Schlaf gewesen, als sie in die Schrankkammer trat, aber dann, als sie richtig wach geworden war, hatte sie mit ihren eigenen Augen gesehen, dass die Wohnung leer war, alle Zimmer waren leer.

Albert, der ihre Hände festhielt und sagte: »Versprich mir, versprich mir, dass du nie zulässt, dass sie mich in ein Irrenhaus sperren.« Er schrieb an einem Artikel und war tagelang auf der geschlossenen Abteilung der Nervenheilanstalt herumgeführt worden. Luise betrachtete die Fotos der Sportseite. Eine Gruppe von Männern, die alle in verschiedenen Stellungen mit verdrehten Gliedern um einen Ball herum in der Luft hingen, gefiel ihr. Die Männer sahen aus wie die Steinchen in einem Kaleidoskop; wenn man das Bild schüttelte, rutschten sie vielleicht in die nächste ebenso wild gesprungene Figurengruppe auf dem Foto daneben. Dort fielen alle übereinander wie eine einstürzende Menschenpyramide im Zirkus. »Aber wieso solltest du ins Irrenhaus kommen?«, hatte Luise gefragt und ihn am Kopf gekrault, dabei war ihr ganz beklommen zumute gewesen. Sie dachte an die Szene aus einem Film, an die Angst einer Frau vor dem Elektroschock, an die Schnelligkeit und Freundlichkeit, mit der man sie auf dem Weg zum Behandlungszimmer führte und halb trug, an ihren Kopf mit den wirren Haaren, den sie hin und her warf, als man ihr einen Kautschukstöpsel zwischen die Zähne schieben wollte, an ihre Hände, die sich in den Arm der Schwester krallten.

Luise legte die Zeitung auf die Bank und ging zum Telefon. Sie wählte ihre eigene Nummer und wartete. Sie sah das Telefon auf ihrem Schreibtisch stehen. Es war orange. Sie wählte noch einmal und lehnte sich an die hölzerne Theke. Die alten Frauen sahen nun alle gleichzeitig zu ihr herüber, und sie hatte Lust, ihnen die Zunge herauszustrecken. Sie drehte sich weg. Albert war nicht zu Hause, Albert war nicht zu Hause.

Es war Frühling gewesen, als sie die Wohnung zum ersten Mal besichtigt hatte. Ein alter Mann wohnte dort und stand in der Mitte des breiten Ganges, ohne sich zu bewegen, während der Mann vom Maklerbüro Luise herumführte und ihr die Türen zu den Zimmern aufmachte. Luise sah sich auf dem Balkon, sie beugte sich vor, um über den Hof zu sehen, die Hände auf dem gusseisernen Gitter. Luise sah sich durch die Zimmer gehen, sah ihr Bett in der einen und dann in der anderen Ecke stehen, sah sich darin liegen, neben Albert, und sah auch Albert in einem Zimmer vor seiner Schreibmaschine sitzen. Die Tapete mit den blauen Lilien löste sich von den Wänden, die eisernen Öfen schrumpften zusammen und schmolzen vor ihren Augen. Sie sah die Teppiche sich vom Holzboden heben, und ihre Pflanzen standen schon in dem Sonnenquadrat des Fensters. Alles sollte leer und hell sein, weiße Wände und helle Vorhänge.

Luise ging nicht nach Hause. Im Park lagen Blätter auf den Wegen, und später, als die Sonne herauskam, war es warm und dunstig zwischen den Bäumen. Auf der Brücke über dem Kanal blieb sie stehen und sah drei nackten jungen Männern zu, die zwischen den Felsen unter dem kleinen künstlichen Wasserfall herumplanschten und silberne Fontänen in die Luft spritzten. Sie schienen nicht zu frieren.

Es wurde Nachmittag.

Immer mehr Leute gingen an der Bank vorbei, auf der Luise saß. Sie steckte die Zeitung in einen Papierkorb.

In dem Laden an der Ecke stand Luise lange und kaufte dann außer Milch und Äpfeln eine Dose Katzenfutter. Sie nahm eine grüne Dose mit Leberbröckchen, das stand auf dem Etikett.

Die Wohnung war leer und still. Sie setzte sich an ihren Tisch und fing sofort an zu arbeiten.

In der Küche sah sie aus dem Fenster, während das Wasser für den Tee heiß wurde. Es dämmerte draußen, und der Baum leuchtete in der blauen Luft.

Die Katze hob den Kopf aus einem großen Suppentopf, als Luise sich niederhockte und die Schiebetür des Küchenschranks aufschob, um einen Teller herauszunehmen. Sie stieg steifbeinig heraus, streckte sich, gähnte und rieb sich an Luises Bein.

»Da bist du also gewesen«, sagte Luise und lachte. Sie hob sie auf und streichelte sie. Diesmal schnurrte die Katze leise und schmiegte sich ganz selbstverständlich an Luises Schulter. Luise machte die Dose mit Futter auf, ohne die Katze aus den Armen zu lassen. Sie setzte sich an den Küchentisch und trank ihren Tee, während die Katze am Boden hockte und mit kleinen ruckartigen Kopfbewegungen aus der Dose fraß. Albert wollte durch die Tür kommen und sich zu ihr an den Tisch setzen, aber sie erlaubte es ihm nicht. Er saß an einem anderen Tisch in einer anderen Stadt, eine Frau mit einem Norwegerpullover und zwei Sternen auf der Brust saß ihm gegenüber und fütterte ein Kind. Albert rauchte und wippte mit dem Fuß, er schrieb an einem Artikel über alleinerziehende Mütter. Luise lächelte und rührte in ihrem Tee. Die Katze fraß ruhig weiter, ohne sich um Albert zu kümmern.

Als es dunkel wurde, kam der Junge, der in der Wohnung unter Luise wohnte, und holte seine Katze. »In den Töpfen sitzt sie am liebsten, das macht sie bei uns auch immer«, sagte er und nahm die Katze aus Luises Arm entgegen. Er sah verweint und zerzaust aus. »Seit gestern Abend war sie fort«, sagte er und küsste die Katze auf den Kopf. Die Katze ließ sich das gefallen und sah dabei zu Luise hinauf. Auch der Junge sah Luise an. Er rieb sein Kinn am Fell der Katze. »Ich habe die Tür offen gelassen«, sagte Luise langsam. Sie streckte die Hand aus und berührte mit dem Zeigefinger leicht die Ohren der Katze. »Gestern war das, da hab ich meinen Abfall hinuntergetragen.« Der Junge nickte. Luise sah ihm zu, wie er die Katze die Treppe hinuntertrug, bis er um die Biegung verschwand. Dann schloss sie mit einem Knall die Tür.

Elke Heidenreich

Was hat er denn

Es gibt nur ein einziges Wartezimmer, in dem die Zeit niemals lang wird. Es gibt nur ein Wartezimmer, in dem sich alle, die dort sitzen, sofort verbrüdern, denn sie müssen ja gleich nicht selbst unters Messer oder an die Spritze, der Liebling muss. Der Liebling liegt phlegmatisch unter dem Stuhl oder furchtsam maunzend im Körbchen, und die Frage, die in diesem Wartezimmer unverzüglich gestellt wird, wenn jemand Neues den Raum betritt, diese Frage lautet:

»Oh! Was hat er denn?«

Er, das ist wahlweise ein Dackel mit Triefaugen, ein Rottweiler mit Zahnschmerzen, ein zu kastrierender Kater, ein kotzendes Kätzchen, ein Papagei, dem die Krallen geschnitten werden müssen, ein schwermütiges Meerschweinchen, ein Hase, der nicht frisst, ein Mops, der gegen Tollwut geimpft werden muss. Wildfremde Menschen nehmen Anteil, und die Aufnahmeformel in den Club der Tierfreunde lautet, wie gesagt:

»Was hat er denn?«

Hier sitzen sie friedlich beieinander, der Mann mit dem besten Deckrüden von Südbaden und die Frau, die täglich böse Leserbriefe gegen Hundehaufen in der Innenstadt schreibt. Ihr Wellensittich lässt die Flügel hängen, die Hundehaufen sind vergessen, gemeinsames Leid von Sittich und Deckrüde webt ein starkes Band um diese Wartegemeinschaft. Es riecht trostlos nach Desinfektion, Pipi und nassem Fell, es riecht nach Angst und Hoffnungslosigkeit beim Tierarzt, immer. Die Sitze sind weiße Hartschalen, auf den Tischen liegen ausschließlich Hinweise auf Impfungen und Zettel, die zu sofortiger Barzahlung mahnen, und aus den Körbchen maunzt und faucht es. An den Wänden rahmenlos hinter Glas entweder Fotos aus Naturschutzparks, die der Tierarzt selbst im letzten Urlaub geschossen hat, oder geschenkte Bilder, Devotionalien von dankbaren Tierfreunden: Bello noch mit verbundenem Ohr im karierten Körbchen, Purzel strahlend auf Frauchens Schoß, Hase Hoppel glücklich im Käfig, Kater Fritz wieder gesund, mit Maus im Maul. Hier sind Lesezirkel überflüssig. Hier wird nicht gelesen, wie es den monegassischen Prinzessinnen oder der Ehe von Prominenten geht. Hier wird gestreichelt, getröstet, geflüstert, hier werden Pfoten gehalten, Hände verschwinden in Tragetaschen, aus denen es wimmert, und von Stuhl zu Stuhl wandert quer durch den Raum die Frage:

»Was hat er denn?«

»Entwurmen«, sagt der Herr im Jogginganzug und zeigt auf seinen Boxer. Die Dame mit Pelz versichert, dass ihr

Yorkshire immer in ihrem Bett schläft. Wir glauben es. Zwei Kinder umklammern einen Schuhkarton mit Meerschweinchen. Was hat er denn? »Sie«, sagen die Kinder, sie heißt ja Carmen, und sie hat ein böses Ekzem. »Das hatte meiner auch mal«, sagt die vornehme Dame mit dem Siamkater, der schon alle Preise gewonnen hat. »Da hilft täglich ein Löffelchen Olivenöl.« Der beste Deckrüde knurrt böse, Herrchen reißt an der Leine. »Zerren Sie ihn doch nicht so«, sagt die alte Dame mit dem Triefaugen-Dackel, »das tut ihm doch weh.«

»Dem tut nie was weh«, brummt Herrchen, steht auf und zerrt seinen Deckrüden, der sich sträubt und spreizt und nicht ins Sprechzimmer will, ruppig hinter sich her. Für die nächste halbe Stunde ist er das Gesprächsthema Nummer eins.

»Was manche Menschen den Tieren antun«, sagt die Frau mit Preiskater und zupft ihren sicher auch nicht auf einem Baum gewachsenen Pelzkragen zurecht. Ein Labrador liegt unter einem Stuhl und hat aufgegeben, noch zu hoffen. Frauchen bückt sich: »Na?«, fragt sie, »bist du auch brav?« Der Labrador klopft einen Rhythmus mit seinem kräftigen Schwanz: brav, brav, brav. Hier sind alle brav. Dies ist der bravste Ort der Welt, keine Widerworte, keine Renitenz, keine Kämpfe unter natürlichen Feinden, kein Aufbegehren gegen das Schicksal – ihr, die ihr eintretet, lasset alle Hoffnung fahren. Jedes Tier weiß das sofort, riecht es, kommt ja meist ohnehin schon in überempfindlichem, lädiertem Zustand nach unangenehmer Autofahrt hierher. Die Herrchen und Frauchen wachsen über sich selbst hinaus. Sie erzählen Geschichten, die bis weit zurück in die Kindheit reichen, wo man auch einmal einen Hasen, einen in Italien gefundenen Kater oder eine Schildkröte hatte. Jeder hat für jeden einen Ratschlag, das reicht vom schon erwähnten Löffelchen Olivenöl über die patente neue Zeckenzange bis zum täglichen Apfel für den Labrador. »Apfel? Das würde Karlheinz niemals essen«, versichert die alte Dame und streichelt ihren Dackel. »Meiner frisst alles«, sagt Frau Labrador etwas düster und verweist auf den großen Leibesumfang ihres Hundes. »Der frisst sogar morgens die Post, wenn wir nicht aufpassen.«

Es gibt ein bisschen Gelächter, aber nur gedämpft. Hier ist alles gedämpft. Geht es uns selbst an den Kragen, schalten wir einfach einen Gang herunter, wir werden still, demütig, duldsam, schwören uns, ab morgen wirklich mehr Sport zu treiben und weniger zu saufen, wenn nur der Doktor nichts findet. Ist der Liebling hingegen krank, befällt uns eine leichte Hysterie, ein Beschützerinstinkt über jedes Maß hinaus, eine nervöse Anteilnahme am Schicksal des pelzigen oder gefiederten Freundes: Der Onkel Doktor tut dir schon nichts, ich bin ja bei dir, gleich sind wir wieder zu Hause.

Der Onkel Doktor tut dir schon nichts? Der Onkel Doktor ist eine Tante Doktor, erste Lüge, und die Tante Doktor kastriert und sterilisiert, schläfert ein und schneidet weg, spritzt und zapft Blut ab. Man muss fiepen, wimmern und kreischen. Herrchen bleibt standhaft, Frauchen weint mit, aber es wird gelogen, dass sich die Balken biegen: »Das tut doch gar nicht weh! Gleich ist es gut!«

Es tut weh, und nichts ist gut. Die Lügen hängen hier in der Luft wie dicke faulige Gerüche, und die Tiere riechen sie und ergeben sich, mehr oder weniger klaglos. Die Katzen klagen am meisten. Hunde lassen apathisch Schwanz und Ohren hängen, aber Katzen hören nicht auf, den Korb von innen zu malträtieren und Lieder in abscheulichen Tonarten und mit vielen Strophen zu singen. Refrain: »Solche Leute sollten keine Katze haben! Wann kann ich hier endlich raus?«

Wenn alles vorbei ist, treten wir auf die Straße. Ah, frische Luft! Es war doch sehr muffig da drin. Sehr muffig, und in der Regel sehr teuer, sofortige Barzahlung. Aber der kleine Liebling im Körbchen oder an der Leine ist versorgt, wird nach Hause getragen und hat es für diesmal überstanden. Wir sind erschöpft.

Wir erholen uns aber am nächsten Tag beim Zahnarzt. Da lesen wir in einer total zerfledderten Zeitung, dass Liz Taylor siebzig geworden ist und dass sie zwar viel krank war, oft operiert wurde, aber doch Zeit hatte, um achtmal zu heiraten. Richtig! Das hatten wir ja beinahe schon wieder vergessen. Liz Taylor, lebt die denn noch? Nein, die ist doch gestorben? Von wann ist denn diese Zeitung, großer Gott im Himmel? Egal, wir lesen weiter, und unser eigenes Leben kommt uns daneben ereignisarm vor, wir träumen uns zum Fenster hinaus, irgendwohin, wo mehr los ist. Es ist wieder zu warm im Wartezimmer. Jemand hustet, es hustet immer jemand. Der Nächste bitte! Der Nächste sind wir. Und der Doktor fragt: »Na, wo fehl's denn?«

Nachweise

John Coleman Adams, *Der Kater als Seekadett.* Aus dem Englischen von Sigrid Ruschmeier. © der deutschen Übersetzung: Schöffling & Co. Verlagsbuchhandlung GmbH, Frankfurt am Main

Victor Auburtin, *Die Dame mit der gestreiften Katze,* aus: *Pfauenfedern.* München 1921

James Boswell, *Samuel Johnson und sein Kater Hodge,* aus: *The Life of Samuel Johnson.* Aus dem Englischen von Sigrid Ruschmeier. © der deutschen Übersetzung: Schöffling & Co. Verlagsbuchhandlung GmbH, Frankfurt am Main

Thomas Brown, *Eine wahre Geschichte,* aus: *Interesting Anecdotes of the Animal Kingdom.* Aus dem Englischen von Sigrid Ruschmeier. © der deutschen Übersetzung: Schöffling & Co. Verlagsbuchhandlung GmbH, Frankfurt am Main

Samuel Butler, *Brief an die Schwester,* aus: *Samuel Butler, Autor des Erewhon (1835–1902). Eine Erinnerung von Henry Festing Jones.* Aus dem Englischen von Sigrid Ruschmeier. © der deutschen Übersetzung: Schöffling & Co. Verlagsbuchhandlung GmbH, Frankfurt am Main

Marcia Davenport, *Kitty,* aus: *Too Strong for Fantasy.* Aus dem Englischen von Sigrid Ruschmeier. © der deutschen Übersetzung: Schöffling & Co. Verlagsbuchhandlung GmbH, Frankfurt am Main

Athénaïs Michelet
Meine Katzen
Wenn sie denn sprechen könnten
Aus dem Französischen von Florian Kranz
208 Seiten | Gebunden
ISBN: 978-3-89561-897-0

Wenn Katzen sprechen könnten, was würden sie uns sagen? Wahrscheinlich würden sie trotzdem schweigen, um das Geheimnis ihrer Grandesse auf keinen Fall zu lüften. Es bleibt also nur die Kunst der genauen Beobachtung, um sich diesen eigensinnigen und faszinierenden Wesen zu nähern. Athénaïs Michelet, die Frau des berühmten Historikers und Schriftstellers Jules Michelet, beherrschte diese mit Bravour. Seit frühester Kindheit – nicht weniger als 17 Katzen lebten im Haus ihres Vaters – hat sie Zizi, Blanchette, Moquo und Co. beim Schlummern und Jagen, beim Stolzieren und Toben zugeschaut.

Ihr Buch ist eine leidenschaftliche und scharfsinnige Forschungsreise in den unergründlichen Kosmos der Katzen. Und es macht deutlich: Nur in einem Haushalt mit Katzen lässt sich wirklich lernen, wie man den Herausforderungen des Lebens begegnet, jederzeit die Ruhe bewahrt und wo sich das Glück verbirgt.

»Mit zarter Sensibilität, kristallklar im Stil und
vielfarbig in den Tonalitäten erinnert sich die Autorin
lebhaft all ihrer bepelzten Freunde [...]«
Karoline Pilcz, Buchkultur

»Für literarisch und historisch interessierte Katzenfans [...]«
Michaela Frößinger, ekz Informationsdienste

Natsume Sōseki
Ich, der Kater
Roman
Aus dem Japanischen
und mit einem Nachwort von Otto Putz
688 Seiten | Gebunden, bedrucktes Leinen,
Fadenheftung, zwei Lesebändchen
ISBN: 978-3-89561-809-3

»Gestatten, ich bin ein Kater! Unbenamst bislang.« Mit diesen Worten stellt sich der bekannteste Kater der japanischen
Literaturgeschichte seinem Publikum vor. Bestens gebildet,
hat er zwar noch keine Maus gefangen, in der Beobachtung
von Menschen und ihren rätselhaften Marotten aber ist er
ein Meister. Um diese Gabe zu entfalten, hat er sich den
richtigen Haushalt ausgesucht, denn sein Herr gibt ihm zu
sarkastischen Kommentaren und Witzeleien ausreichend
Anlass: Der Mittelschullehrer Professor Rarus Schneutz hat
den Charakter einer Auster. Verschroben, wie er ist, neigt er
zu apathischem Dösen, Starrsinn und wilden theoretischen
Diskussionen mit seinen Freunden, die allesamt lieber reden,
als zu handeln.

Natsume Sōsekis berühmtester Roman persifliert die Le-
bensweise der japanischen Mittelklasse um 1900. Die skur-
rilen Abenteuer seines tierischen Ich-Erzählers sind ein bis
heute in vielen Sprachen gelesener heiterer Klassiker der
Weltliteratur.

Man kann im Leben auf vieles verzichten,
aber nicht auf Katzen und Literatur
Plakat
Maße: 59,5 x 84,1 cm (DIN A1)
Artikelnummer: 284/89221
Im Einzelverkauf unter www.schoeffling.de

Das Lieblingsposter aller Katzenfans! Wer es einmal gesehen hat, muss es auch haben, denn wer will schon auf Katzen und Literatur verzichten?